Marion Gräfin Dönhoff

Was mir wichtig war

Marion Gräfin Dönhoff

Was mir wichtig war

Letzte Aufzeichnungen und Gespräche

Siedler

Inhalt

Vorwort

Marion Gräfin Dönhoff war eine der großen Journalistinnen des 20. Jahrhunderts. Nur wenige Deutsche sind in der Zunft der international angesehenen Publizisten zu so hohem Ansehen gelangt. Draußen in der Welt galt sie als klare, verlässliche Stimme Deutschlands. Im Lande selbst ist sie ein halbes Jahrhundert lang weit mehr gewesen als eine schreibgewaltige, urteilsstarke Kommentatorin: eine moralische und, jenseits der Parteien, eine politische Instanz. Dabei hatte sich die ostpreußische Gutsbesitzerin auf das journalistische Metier nie vorbereitet. Als es sie 1946 zur ZEIT nach Hamburg verschlug, tat sie den Sprung ins kalte Wasser. Sie wurde groß mit der ZEIT und diese groß durch sie. Das Pressehaus wurde der Gräfin für 56 Jahre zur Mitte ihres Daseins – 56 Jahre, in denen sie das Herz und, vor allem, das Rückgrat des Blattes war.

Die Herausgeber dieses Bandes haben länger mit Marion Dönhoff zusammengearbeitet als irgendjemand sonst. Sie holte Theo Sommer, der ihr Nachfolger wurde als Chefredakteur und später – neben Helmut Schmidt – ihr Kollege als ZEIT-Herausgeber, 1957 aus dem Politischen Seminar Theodor Eschenburgs. Haug von Kuenheim stieß 1961 hinzu, wurde Stellvertretender Chefredakteur und – im privaten Bezirk – geschäftsführender Vorstand der Marion-Dönhoff-Stiftung, die sich, gespeist aus den Bucheinkünften der Gräfin und als Alleinerbin ihres privaten Vermögens, der Förderung osteuropäischer Studenten und Wissenschaftler widmet; 1999 erschien seine Biografie »Marion Dönhoff«.

Wir waren der Gräfin nahe, wenngleich in aller Nähe stets ein Stück Distanz erhalten blieb (wie umgekehrt bei der Gräfin in aller Distanz, die sie anderen gegenüber wahrte, immer ein Gutteil Nähe aufblitzte: Neugier, Interesse, Teilnahme). Wir haben 1999 zusammen als Hommage zu ihrem 90. Geburtstag ein ZEIT-Punkte-Heft mit ihren besten Artikeln aus fünf Jahrzehnten herausgegeben. Wir haben mitgebangt, als sie sich im Dezember 2000 zum dritten Mal einer Krebsoperation unterzog. Und wir haben mit ihr gelitten, als wir zusehen mussten, wie sie sich danach nie ganz erholte; wie ihr rechter Arm so stark anschwoll, dass sie keinen Stift mehr führen konnte; wie die Schmerzen von Monat zu Monat unerträglicher wurden, die Gräfin jedoch alle schmerzlindernden Mittel zurückwies, da diese sie, wie sie sagte, doch nur »taumelig oder benebelt« machten – das wollte sie nicht.

Im Sommer 2001 war nicht mehr zu übersehen, dass Marion Dönhoffs Kräfte schwanden. Sie wurde zu schwach, um noch die 400 Meter zu ihrem Lieblingslokal »Plat du Jour« zu gehen; schon der Weg ins Thai-Restaurant im Erdgeschoss des Pressehauses erforderte eine Kraftanstrengung. Sie konnte nicht mehr schreiben: Der letzte Artikel, den sie noch mit weichem Bleistift zu Papier brachte, »Nachbar Polen«, erschien am

13. Juni 2001; ihren allerletzten Text, eine bittere Glosse von 37 Zeilen Länge gegen die amerikanische Überrüstung, ihrer Sekretärin Irene Brauer in den Block diktiert, veröffentlichte die ZEIT am 31. Oktober.

Aber sie war geistig klar und hellwach, wenngleich sie nun schneller ermattete als früher. Sie kam in die Konferenzen des politischen Ressorts der ZEIT, telefonierte mit Gott und der Welt, erledigte pflichtbewusst ihre umfängliche Korrespondenz, trug mit brüchiger Stimme, doch ungebrochener Entschiedenheit im Kuratorium der ZEIT-Stiftung ihre Meinung zu laufenden und künftigen Projekten vor.

Damals kam uns die Idee, mit Marion Dönhoff – nun: letzte Gespräche zu führen, die Summe ihrer Lebenserfahrung, gleichsam ihr geistiges Vermächtnis aus ihr herauszufragen. Was sie selber nicht mehr schriftlich zu formulieren vermochte, sollte sie aufs Tonband sprechen. Sie wehrte sich gegen den bloßen Gedanken. Letzte Gespräche, das Ende vor Augen? Ihr Lebenswille, ihre Kraft zur Hoffnung waren noch zu stark. Aber dann, Ende November, Anfang Dezember 2001, stimmte sie auf einmal zu.

Danach haben wir im Beisein ihres Großneffen Friedrich Dönhoff vier Gespräche mit ihr geführt, drei noch vor Weihnachten, eines nach Neujahr. Zweimal trafen wir uns in ihrem Blankeneser Haus am Pumpenkamp, zweimal in ihrem Herausgeberbüro im Pressehaus am Speersort. Wir hatten uns vorgenommen, in jeder Sitzung ein bestimmtes Thema, einen Themenblock abzuhandeln. Dies gelang jedoch nur in Grenzen, streng genommen auch bloß in der ersten Sitzung am 8. Dezember.

Erst fiel der Gräfin nachträglich immer noch etwas zum vorangegangenen Thema ein; später schweiften ihre Gedanken öfters ab. Wir merkten bald, dass ihr die Anstrengung des nachdenklichen Gesprächs von Sitzung zu Sitzung schwerer fiel. Ihre Darlegungen fielen von Mal zu Mal lapidarer aus. Die Sprache wurde immer kompakter, immer kantiger. Wo sie anfangs noch längere Passagen formulierte, begnügte sie sich später mit wenigen Sätzen, am Ende zuweilen mit einem Kopfnicken. Immer stärker plagten sie die Schmerzen im rechten Arm. Dann und wann legte sie sich während des Gesprächs aufs Sofa; in der Waagerechten litt sie weniger.

Dabei war sie dennoch bis zuletzt die alte Gräfin: fürsorglich einerseits, voller Wissbegierde andererseits. Wir hatten sie früher oft aufgezogen: Auf ihren Gütern in Ostpreußen habe sie gelernt, »Gesindepflege« zu treiben, heute habe sie wohl wieder ihren Tag der Gesindepflege. Aber dieses Für-andere-Sorgen, Sich-um-andere-Kümmern war ihr tief eingebrannt – eine Haltung, keine Attitüde. Einmal unterbrach sie uns mitten im Gespräch: »Sagt mal, dabei fällt mir ein: Der Mike Naumann wird sechzig. Ist das nicht morgen? Haben Sie seine Handy-Nummer?« Und typisch für ihren grenzenlosen Wissensdrang war ein anderes Einschiebsel: »Ted, Sie sind doch im letzten Jahr auf so vielen internationalen Konferenzen gewesen. Was steht denn im Vordergrund der Sorgen – Sicherheitsfragen, politische oder wirtschaftliche?«

Am 1. Dezember, dem Tag vor ihrem 92. Geburtstag, sind wir mit einer Flasche Champagner unangemeldet im Pumpenkamp eingefallen. Die Gräfin öffnete die

Haustür, zugleich verblüfft und erfreut. Im Kamin loderte ein gemütliches Feuer, die Hausherrin reichte Kekse, wir ließen sie hochleben. Sie wirkte beschwingt, ihre Gebrechlichkeit überstrahlt von der Heiterkeit eines Gemüts, das noch nicht abgeschlossen hatte, aber auf alles gefasst war. Über die Feiertage fuhr sie nach Crottorf auf das Schloss ihres Neffen Hermann Hatzfeldt. Aber gleich nach Neujahr drängte sie zurück nach Hamburg: Termine, Termine! Indessen war sie nach ihrer Rückkehr sichtlich geschwächt, matt, schmerzgeplagt. Unser letztes Gespräch führten wir am 9. Januar in ihrem Büro. Nach anderthalb Stunden schlug sie vor, über Gerechtigkeit zu reden. Aber dann übermannten sie die Schmerzen. Sie bat um Vertagung. Drei Tage später stürzte sie auf der Treppe ihres Hauses und fiel in ein wochenlanges Koma. Als sie das Bewusstsein wiedererlangt hatte, holte ihr Neffe sie nach Crottorf. Nach einer kurzen Phase des wachen Dahindämmerns ist sie dort am 11. März 2002 gestorben.

Wir hatten noch eine Reihe weiterer Gespräche geplant, wollten nachfragen, Erläuterungen, Ergänzungen und Präzisierungen erbitten. Es ist nicht mehr dazu gekommen. Was wir in diesem Band als Gesprächsprotokoll vorlegen, ist denn ein Fragment – ein Fragment allerdings, dass bei aller Bruchstückhaftigkeit die Essenz dessen enthält, wofür Marion Dönhoff stand, wofür sie eintrat, wofür sie kämpfte. Dies gilt zumal für ihren Appell, den Versuchungen des bloßen Materialismus zu widerstehen und den Bezug zu einer höheren Macht, die über dem Menschen waltet, nicht zu vergessen. Es war dies gleichsam der Kammerton A ihres zweiten Lebens, ihres publizistischen Wirkens.

Er war schon in dem allerersten Artikel angeklungen, den »M.D.« am 21. März 1946 auf der Titelseite der ZEIT veröffentlichte: »Opferbereitschaft, Heldentum, Ehre, Treue, das alles ist fragwürdig geworden, weil ein materialistisches Zeitalter diese Begriffe aus dem metaphysischen Zusammenhang, in dem allein ihnen Sinn zukommt, herausgelöst hat ... Notwendig ist die geistige Wandlung des Menschen.« Ähnlich warnte sie in der Friedenspreisrede von 1971 vor der willfährigen Unterwerfung unter die Gesetze des Marktes und des Marketings: »In der Tat wird durch die totale Kommerzialisierung und technische Rationalisierung die Metaphysik und jedes den wirtschaftlichen Erfolg transzendierende Denken verdrängt.« In unseren letzten Gesprächen hat die Gräfin diese Botschaft – die auch den Kern ihres Buches »Zivilisiert den Kapitalismus« bildete – noch einmal zu einem bewegenden Aufruf verdichtet.

Neben den Gesprächsprotokollen sind in diesem Band bisher unveröffentlichte Texte versammelt: Vorträge, Dankesreden bei Preisverleihungen, Ansprachen zu den verschiedensten Anlässen. Außerdem sind hier einige Manuskripte abgedruckt, die in Marion Dönhoffs kleiner, spitzer Schrift den Bleistift-Vermerk tragen: »Mir wichtig«. Dabei konnte es nicht ausbleiben, dass sich hier und dort Wiederholungen einschlichen. Wir haben sie stehen lassen, da an ihnen abzulesen ist, auf welche Themen es der Gräfin wirklich ankam. Schließlich findet sich im letzten Kapitel eine knappe Auswahl ihrer besten und bedeutsamsten Artikel.

Auf diese Weise ist ein veritables Dönhoff-Kompendium entstanden, ein Vademekum für all ihre Freunde.

Die Gedanken der Gräfin verdienen es freilich, über ihre alte Lesergemeinde hinaus Verbreitung zu finden. Marion Dönhoff hat eine Fackel entzündet, deren heller Schein uns weit voraus leuchtet auf unserem Weg in die Zukunft.

Haug von Kuenheim   *Theo Sommer*

Hamburg, im Juni 2002

Die
letzten Gespräche

Staatsform und Gesellschaft

Eines Ihrer Bücher trägt den Titel »Von Gestern nach Übermorgen«. Ihr Leben umspannt fast das ganze 20. Jahrhundert bis hin zu dem stürmischen Übergang in das 21. Jahrhundert. Als Sie geboren wurden, gab es noch den Kaiser in Deutschland.

Ja, den habe ich ja noch gesehen.

Sie haben ihn gesehen, als er schon im Exil war?

Ja. In Doorn. Wir besuchten gute Freunde von uns. Die hatten eine enge Beziehung zum Kaiser und sagten: Kommt doch mit, wir fahren morgen zu ihm an die Zuidersee. Und da sind wir mitgefahren.

Welche Rolle spielte das Kaiserhaus, spielte Wilhelm II. für Ihre Familie?

Für meine Mutter eine große, weil sie ja als Palastdame viel bei Hofe war und die Kaiserin sehr liebte, die umgekehrt auch sie gern mochte.

Was hieß das denn konkret: »Palastdame«? Lady-in-waiting?

Nein, Lady-in-waiting ist, glaube ich, nicht die richtige Beschreibung. Es war keine Funktion mit dem Titel verbunden.

Ihre Mutter musste nicht regelmäßig an Ort und Stelle sein und der Kaiserin die Zöpfe flechten?

Nein, nein. Palastdame war mehr ein Titel als eine echte Funktion. Mein Vater stand weit darüber, der fand das Hofleben vollkommen blöde. Er fand alles Kokolores.

Was fand er Kokolores? Den Betrieb bei Hofe? Die Monarchie an sich? Oder diesen Kaiser?

Wahrscheinlich mehr dieses auf die Minute festgelegte Protokoll. Dass man um Punkt 12.12 Uhr dies oder jenes tun musste und dass alles so bürokratisch geordnet war, fand er schrecklich.

Aber er war letztlich doch ein Monarchist?

Ja.

Die Monarchie wurde nicht in Frage gestellt?

Das weiß ich natürlich nicht, weil ich noch sehr klein war, aber ich glaube nicht, dass er die monarchische Ordnung ändern wollte.

Sie waren zehn Jahre alt, als der Kaiser ins Exil über die holländische Grenze gegangen ist. Herrschte da große Betroffenheit im Hause? Hatten die Dönhoffs das Gefühl: Dies ist das Ende der Welt? Das Ende unserer Welt?

Nee, eigentlich hat man rein gefühlsmäßig eher gedacht: Das hätte er längst machen können, der Kaiser. Er war ja aus allen möglichen Gründen sehr angefochten, und es musste ziemlich auf ihn eingeredet werden, dass er überhaupt wegging.

Herrschte nicht eine Art Weltuntergangsgefühl, weil das Deutsche Reich den Krieg verloren hatte und für die Niederlage in Versailles dann bitter bezahlen musste?

Das war sicher der Fall. Man wusste ja auch gar nicht, wo es hingeht, so wie heute eigentlich auch. Kein Mensch wusste, was Demokratie ist. Ein Onkel von mir sagte über einen Verwandten: »Ach, das ist auch so ein verfluchter Demokrat« – bloß weil er das System ändern wollte. Infolgedessen wollte man die Demokratie nicht.

Weil sie die Monarchie abschaffte?

Weil sie den Kaiser abschaffte und die alte Hierarchie obendrein. Auch die, die nachher eigentlich gerne Demokraten waren, hatten ja zunächst nicht gewusst, was Demokratie bedeutet.

Griffen denn die Revolutionswirren auf Ostpreußen über bis hin nach Friedrichstein, oder herrschte weiter die alte Ordnung?

Auf Königsberg ja, aber auch nicht schrecklich furios.

Auf dem Land blieb alles beim Alten – mehr oder weniger?

Mehr oder weniger.

Können Sie sich an einen Zeitpunkt erinnern, an dem Sie sich bewusst mit dieser Frage »Konstitutionelle Monarchie oder demokratische Republik« auseinander gesetzt haben?

Wir alle, meine Geschwister auch, waren eigentlich aufsässig gegen die Obrigkeit, und das ganze Getue mit dem Kaiser und der Kaiserin fanden wir ein bisschen lächerlich.

Andererseits waren die Dönhoffs doch eng verbunden mit der Geschichte Preußens.

Das ja. Preußen verehrte man sehr, aber da fanden viele eben, dass Wilhelm II. schon ein Abstieg war. Das war ja auch wirklich so.

Aber Wilhelm I., der war noch ein richtiger Preuße?

Ja, der war ein Preuße, zwar ein etwas fantasieloser, dennoch ein makelloser Preuße. Wilhelm II. hingegen hat viel Blödsinn verzapft.

Das wusste man? Darüber redete man auch?

Seine öffentlichen Reden waren doch fürchterlich. Denken Sie nur an die berüchtigte Hunnenrede, mit der er 1900, während des Boxeraufstands, das deutsche Expeditionskorps nach China verabschiedete. Natürlich war man da empört. Die »Daily Telegraph«-Affäre spielte sich ein Jahr vor meiner Geburt ab. Da sagte der Kaiser über die Engländer: Sie sind verrückt wie die März-Hasen.

Ein Bruch war doch wahrscheinlich die Jahrhundertwende.

Die Jahrhundertwende ist ja immer ein Einschnitt, war es auch diesmal. Da sagen die Leute dann immer: Jetzt ändert sich alles, jetzt werden wir bestraft für unsere Sünden. Das ist stets eine Zäsur.

Sie haben oft darüber geschrieben oder davon erzählt, wie nach dem gewonnenen deutsch-französischen Krieg von 1870/71 Ihr Großvater das Gefühl hatte, dass das alte Preußen aufgehört hatte zu existieren.

20

Auch mein Vater beklagte, dass in der Gründerzeit das Geld zum Maßstab aller Dinge wurde.

Heißt dies, dass Preußen und die preußischen Tugenden gebunden waren an die feudale Agrargesellschaft? Und dass es mit Preußen zu Ende ging, als mit der Industriegesellschaft plötzlich große Unternehmen entstanden, die auf den Profit achten mussten?

Es gab da gewiss eine bestimmte Beziehung. Die hierarchische Gesellschaft war ständisch gegliedert. Jedem Stand war eine bestimmte Aufgabe zugewiesen – dem Adel die Gestellung der Offiziere, dem ehrbaren Kaufmann der Handel und so weiter. Jeder hatte seine Art Verpflichtung.

In dieser ständischen Ordnung gehörten Sie einer privilegierten Schicht an.

Ja. Nur war dieses Privileg nicht so famos, wie viele heute denken, weil unsere Altvorderen natürlich kolossal viel dafür leisten mussten. Sie erhielten furchtbar wenig Geld und mussten dennoch ständig präsent sein. Jedes Privileg hat eben seinen Preis, umsonst gibt es nichts.

Man hat sich seine Privilegien verdient durch Selbstverpflichtung oder Verpflichtung gegenüber dem Staat?

Man musste sich standesgemäß benehmen, sonst flog man raus. Wenn zum Beispiel ein Adliger sich scheiden ließ, dann musste er verschwinden. Dann hieß es rüde: Er muss ab nach Amerika. Das war eine Art Verbannung.

Herrschte da nicht eine große Heuchelei?

Eigentlich nicht. Der Kodex war doch akzeptiert. Es gab Seitensprünge, gewiss. Aber es gab keine Korruption im heutigen Sinne.

Gab es Verpflichtungen, die schon den Kindern auferlegt wurden?

Ja, es hieß immer: Das tut man nicht, oder das tut man. Und was das war, das sagten die Erwachsenen an.

Trotz Ihrer Aufsässigkeit, Gräfin, nahmen Sie das ernst? Die gegebenen Regeln, »das tut man, und das tut man nicht« – wurden sie eingehalten?

Ja, die wurden von uns akzeptiert. Aber das waren im Grunde keine anderen Regeln als jene, die auch für das einfache Volk galten. Ob man lügen darf, ob man für Fehler gerade steht – das war alles geregelt durch die Zehn Gebote. Das war eben sehr einfach.

Sie haben ein wunderschönes Büchlein geschrieben über »Preußen – Maß und Maßlosigkeit«. Ein andermal schrieben Sie über Preußen und seine Pervertierung. Wie viele Preußenbilder haben Sie im Kopf? Was ist das wahre Preußen, das auch heute für uns noch Vorbild sein sollte oder könnte? Was ist das pervertierte Preußen?

Das pervertierte ist das von Adenauer, der ein Zerrbild benutzte, um sich zu legitimieren.

Und das wahre Preußen?

Ich bin ein großer Verehrer Friedrichs des Großen. Wenn man den richtig liest und nicht mit den Vorurteilen seiner Gegner, dann muss man schon sagen: Echtes Preußentum war eine Kultur, eine Moral.

Der Mann hat philosophiert, er hat komponiert, er hat musiziert, aber er hat auch böse Eroberungskriege geführt.

Zunächst einmal galt damals natürlich Hegemonie, galt Landerwerb überall als große Sache. Alles andere war unwichtig. Man muss das schon auch innerhalb der Zeit sehen.

Wie Sie es schildern, ist der preußische Gedanke erst später pervertiert worden, am schlimmsten von Adolf Hitler. Aber es gab ja nicht nur das Allgemeine Preußische Landrecht, sondern es gab auch die Prügelstrafe, und es gab den Kadavergehorsam ...

Das alles hat Friedrich der Große sofort abgeschafft, in den ersten fünf Tagen nach seiner Thronbesteigung, Prügelstrafe und alle diese Dinge.

Kann man denn von diesem Preußen, das Ihnen vorschwebt, etwas in die Gegenwart hinüberretten? Die letzten, die im Sinne Ihres Preußentums agierten, waren ja wohl die Männer des 20. Juli. Heute ist von diesem Geist wenig zu spüren.

Die Stimmung schlägt ja auch schon wieder um. Sehr oft höre ich von jungen Leuten bei Diskussionen: Wir denken genau so wie Sie. Aber was sollen wir nun machen? Dann sage ich immer: Man kann gar nichts machen, man kann kein Gesetz verabschieden, keine Verordnung erlassen, man kann nur hoffen, dass nach dem dialektischen Gesetz, das in der Geschichte waltet, eines Tages den Leuten nicht mehr nur Geld und Macht wichtig sein werden und preußische Tugenden wieder auf die Tagesordnung kommen.

Ist das nicht eine sehr fatalistische Einstellung?

Nein, eigentlich nicht. Die Geschichte geht nun einmal so.

In Ihrem Bild von Preußen steht an einem Ende Friedrich der Große, am anderen Ende der Widerstand des 20. Juli. Bismarck kommt bei Ihnen gar nicht vor.

Bismarck war für mich immer sehr schwierig. Ich habe den Nationalismus stets als etwas Furchtbares betrachtet, und den hat er natürlich geschürt.

Oder werfen Sie ihm Verrat an Preußen vor, wie dies Kaiser Wilhelm I. tat?

Ich würde es nicht Verrat nennen. Aber der Wilhelminismus Wilhelms II. hat natürlich mit Preußen überhaupt nichts zu tun.

Auch nicht mit Bismarck?

Nein, wahrscheinlich nicht.

Ihr berühmter Artikel »Ein Kreuz auf Preußens Grab«, geschrieben 1970, hätte wahrscheinlich auch 1871 schon verfasst werden können?

Ja, durchaus. Meiner Ansicht nach endete Preußen 1871.

Unlängst hat der Schriftsteller Rolf Schneider in der »Welt« einen Artikel veröffentlicht, in dem er sagt, Preußen sei der mächtigste Untote der Welt. Überall gibt es in der Tat Workshops, Ausstellungen, Museumsveranstaltungen, Hunderte von Preußen-Events. Einerseits lebt Preußen also, und es wird ihm ein ungeheuer großes Interesse entgegengebracht. Andererseits ist es nur noch ein Museumsstück.

Das finde ich sehr berechtigt. Aber Preußen lebte eben schon immer im Kontrast zum schnöden materialistischen Denken in den Kategorien von Geld und Nutzen.

Ich glaube, wenn es eine Art neue Lebensform geben sollte, und die wird ja sicher kommen, dann werden preußisches Denken und preußische Haltung eine Rolle spielen.

Wurde Ihnen die preußische Geschichte ständig vor Augen gehalten oder lebt man einfach im preußischen Bewusstsein und in der preußischen Tradition?

Ich habe von Preußen gar nichts gewusst als junger Mensch.

Prägend war also für Sie nicht Preußen, der Kaiser oder eine Staatsidee, sondern die Familie?

Nein, es war der Organismus, in dem wir lebten; eine große Einheit, die nur funktionierte, wenn die oben mit denen unten zufrieden waren – und umgekehrt. Jeder hatte die Verantwortung für den anderen, die oben für die unten und die unten für die oben, wenn's gut war. Natürlich gab es auch Leute, die diesen Zustand ausbeuteten, aber an und für sich war das eine in sich ruhende Ordnung.

Später haben Sie in Frankfurt studiert, mit Kommilitonen, die zum Teil Kommunisten waren. Fühlten Sie sich da als jemand, der aus einer ganz anderen Welt kam? Fremd in der großen Stadt am Main, inmitten einer völlig anderen Lebensweise und Lebensform?

Meine Familie war ja immer sehr in die Welt einbezogen, Eltern und Geschwister waren oft in Berlin. Wir kannten alle Leute, Künstler und Schauspieler auch, und lebten dort ganz in dieser kulturellen Welt. Es gab also nicht den Kontrast: Hier der Acker, dort die Kultur. Beides war bei uns auf natürliche Weise vereint.

Sie sagen, es gab ein Gefühl der Verantwortung für die einfa-
chen Leute, die Bediensteten, Kutscher, Stubenmädchen, Küchen-
mädchen.

Ja, es gab ein Gefühl der Verantwortung. Aber auch der
Freundschaft. Ich habe viel mehr gelernt von den Kut-
schern und Gutsarbeitern als von diesen teuren Erzie-
hern, die da immer wieder angeheuert wurden. Wir be-
wunderten die Kutscher und die Arbeiter, weil sie oft
etwas konnten, das sie uns auch noch beibrachten. Ich
konnte schließlich mein Auto immer selber reparieren,
Vergaser auseinander nehmen und wieder zusammen-
setzen und so. Das machte uns Eindruck. Und wenn sie
mit uns schimpften, schimpften sie mit uns genau wie
mit ihren Kindern: »Ihr verfluchte Bande …«

Der Hausunterricht spielte keine Rolle?

Nee, überhaupt nicht. Nachher die Schule ja. Aber zu
Hause legte auch keiner Wert drauf, dass ich irgendwas
lernte.

Unter den Kindern der Arbeiter gab es doch sicher auch begabte
junge Leute. Wurden diese nun gefördert oder war es klar, dass
sie in ihrem Lebensbereich blieben, Kutscher wurden wie der
Vater? Gab es da für den einen oder anderen doch die Möglich-
keit, auszubrechen? Wurde das eventuell sogar gefördert von der
Herrschaft?

Nicht in dem Sinne, dass man planmäßig förderte.
Doch wenn sich jemandem eine Möglichkeit bot oder
man ihnen ein bisschen helfen konnte, dann geschah
das durchaus. Aber nicht aus Prinzip.

Es gab keine Stipendien für Kutschersöhne?

Nein.

Konnte sich jemand aus dem Stand der Kutscher wirklich entwickeln?

Ja, natürlich. Ein Mensch entwickelt sich ja nicht nur durch Intelligenz, sondern durch Charakter und alles Mögliche. Der Sohn unseres Kutschers Grender, den wir so liebten, hat hier in Hamburg seinen Doktor gebaut und in der Landwirtschaftskammer Karriere gemacht.

Gräfin, gab es auf Ihren Gütern gar keine Rabauken oder Agitatoren oder schwarze Schafe, die plötzlich Klassenkampf predigten? »Fürstenblut muss fließen, daraus wir ersprießen« und derlei Sprüche?

O ja.

Es war also nicht alles idyllisch?

Nein, nein. Da gab es immer welche, die wurden von außen beeinflusst. Die Lehrer vor allem. Sie standen immer sehr weit links und schürten Neid.

Was machte man mit den Aufsässigen?

Eigentlich gar nichts.

Aber man spürte schon die Wellen der Unruhe, die aus der Welt draußen hereinschlugen?

Durchaus. Man war ja nicht völlig abgeschnitten.

Ein Problem, das heute in alles hineinspielt, ist das gender problem, *also die Position der Frauen. War das damals schon akut? Wurden die Frauen unterdrückt oder hatten sie genauso viel Auslauf, genauso viele Chancen wie die Männer?*

Nein. Man hatte natürlich eine andere Vorstellung von dem, was Frauen sind und wofür Frauen da sind. Deshalb durfte ich ja erst studieren, nachdem ich ein halbes Jahr lang einen Haushaltungskursus absolviert hatte.

Finishing School in der Schweiz?

Ja, in der Schweiz.

Das war die Vorbedingung für das Studium?

Ja.

Wer stellte diese Vorbedingung?

Meine Mutter.

Und was lernten Sie in der Schweiz?

Ich habe nicht viel gelernt, alles in allem. Bis heute koche ich nicht. Aber ein Fläschchen kann ich öffnen. An sich lernte man alles: Kochen, Stricken etcetera.

Ihr Vater war ein großer Kunstkenner – der Kunst, die er gesammelt hat.

Ja, das sicher. Aber er verstand nicht genug, um große Diskussionen zu führen.

Als Palastdame hatte die Mutter doch Berliner Erfahrungen und Eindrücke und Meinungen.

Den besten Geschmack hatte die Monarchie auch nicht.

Aber die Mutter war eine selbstbewusste Person.

Ja, das war sie.

Und die Kutschersfrau – hatte die gar nichts zu sagen?

Nein. Sie hätte das auch nie ambitioniert.

Oder war es in Wahrheit so, dass die Männer nur so taten, als hätten sie alles in der Hand, dass aber die Frauen die Erziehung der Kinder regelten und den Haushalt bestimmten?

Genau so war es.

Gab es Frauen, die politisch diskutierten?

Ja, doch. Aber es würde den Heutigen nichts sagen, wie sie hießen. Und sie waren die großen Ausnahmen.

Wenn der Vater und die Brüder sich politisch unterhielten oder diskutierten, machten Sie als Mädchen mit?

Ich habe das stets für selbstverständlich gehalten.

Sie haben immer mitgeredet bei den Brüdern? Mitdiskutiert?

Ja.

Den Ersten Weltkrieg haben Sie als Kind miterlebt. Welche Rolle spielte er in den Gesprächen?

Ich war damals erst fünf Jahre alt, aber an den Kriegsausbruch kann ich mich noch gut erinnern. Ich saß auf dem Topf im Kinderzimmer und guckte das Linoleum an. Da kam einer herein und sagte: Heute ist Mobilisierungstag. Das Wort habe ich nie vergessen. Und da habe ich gedacht, das ist ja toll, da kommen lauter Autos, das ist sicher wunderbar.

Ist das die erste Erinnerung überhaupt?

Nein, das glaube ich nicht.

Haben Sie als Kind mitbekommen, dass die Russen in Ostpreußen eingefallen waren?

Darüber wurde geredet. Was das bedeutete, wusste ich natürlich nicht.

Es steht ein Bild auf Ihrem Kaminsims, darauf sind Sie als vielleicht Zwölfjährige ganz dicht neben dem Generalfeldmarschall von Hindenburg zu sehen, dem Sieger von Tannenberg.

Ja, und über den war ich furchtbar enttäuscht. Ich dachte, da kommt ein strahlender junger Held mit einem Schwert in der Hand. Dann kam aber ein alter Herr mit schlurfenden Schritten, und er sah aus wie der Nussknacker in meinem Bilderbuch.

Friedrichstein war nicht von den Russen besetzt worden?

Nein. Sie besetzten weiter unten den südlichen Teil.

Wir waren einmal zusammen bei Eric Warburg eingeladen zu einem Mittagessen in seinem Bankhaus zu Ehren von Otto von Habsburg. Frau Warburg, die eine Wienerin war, versank in einem tiefen Hofknicks und hauchte »Majestät«. Sie aber haben ihm ganz normal die Hand gegeben und ganz normal gesagt »Guten Tag, Herr von Habsburg«. Ich habe Sie dann hinterher gefragt: »Warum haben Sie nicht auch ›Majestät‹ gesagt?« Da haben Sie geantwortet: »Das ist nicht ›meine‹ Majestät.«

Wenn es meine gewesen wäre, hätte ich Majestät gesagt.

Hätten Sie vor dem Chef des Hauses Hohenzollern einen Knicks vollführt?

Vorm Kaiser sicher ja, vor dem jetzigen bestimmt nicht. Warum sollte ich.

Hat man bei Ihnen zu Hause viel über das Kriegsende geredet, über das Ende der Monarchie, über Versailles vor allem, später die Inflation?

Ganz sicher, sehr viel und oft. All diese Themen haben tagelange Diskussionen ausgelöst.

Hat man von der Inflation in Friedrichstein etwas bemerkt?

Gewiss. Ich weiß noch gut, da gab es erst braune Tausendmarkscheine, später Banknoten über Millionen und Milliarden. Das Geld war ja nachher überhaupt nichts mehr wert. Ein Dollar entsprach, glaube ich, 4,2 Milliarden. Diese Tausendmarkscheine waren auch nichts wert, aber irgendwie sagte man mir, wenn alles nachher zusammenbricht – ein bisschen kann man vielleicht doch noch damit anfangen. Daher mussten wir Kinder diese Scheine zu Röllchen drehen, in Flaschen stecken und anschließend vergraben.

Hat sich der ostpreußische Adel aufgespalten nach Parteilinien – hier Konservative, dort Liberale? Gab es gar Rote – aufsässige Junker?

Im Grundmuster war der Adel natürlich konservativ. Es gab zwar ein paar Liberale, doch die wurden schon recht scheel angesehen.

Was las man denn auf Friedrichstein? Sie waren ja Ihr Leben lang eine unersättliche Zeitungsleserin.

Es gab einen langen Tisch in unserem Büro auf Friedrichstein, da lag alles aus, »Noveau Bulletin«, alle deutschen Blätter, die Londoner »Times«. Ich musste meinem Vater immer aus den Zeitungen vorlesen, seine Augen waren schlecht. Das hasste ich. Sobald ich ein Wort falsch aussprach, wurde ich gerügt: Das heißt nicht »Enntennte«, das heißt *entente*!

Hat das Vorlesen Ihr Interesse für das Vorgelesene geweckt, für Politik und Wirtschaft?

Nein, ich war froh, wenn ich mit den mir zugewiesenen Spalten fertig war.

Wann spürte man in Ostpreußen zum ersten Mal den Nationalsozialismus? Wie machte sich der bemerkbar?

Die große Mehrheit meiner Landsleute im Osten empfand es wohl als eine große Genugtuung, dass endlich jemand laut die Standpunkte vertrat, die bis dahin keiner auszusprechen wagte. Ich sah dies ganz anders. Ich war von der Oberprima an, seit dem Jahre 1929 also, ein Anti-Nazi.

Aus welchem Anlass?

Zwei Kameradinnen sagten mir: Es gibt jetzt eine neue Partei, die heißt Nationalsozialistische Deutsche Arbeiterpartei, die ist fabelhaft, da musst du eintreten, die sollen auch einen sehr guten Führer haben. Ich dachte, national und sozial, das ist eine gute Kombination, das muss man sich ansehen. Und als ich las, dass Adolf Hitler in Berlin vor einer obskuren Schule sprechen werde, fuhr ich von Potsdam aus hin und saß zwei Stunden lang zwei Meter vor ihm. Auf mich wirkte er grauenhaft. Seine Argumente fand ich absolut irrsinnig. Aber das Publikum klatschte und jubelte ihm zu. Am nächsten Morgen habe ich gesagt, mit dieser Partei will ich in meinem ganzen Leben nichts zu tun haben. Das habe ich dann auch eingehalten. Diese Begegnung mit Adolf Hitler in der Schule gab für meine lebenslange Einstellung den Ausschlag.

Was genau störte und verstörte Sie, Hitlers wildes Gestikulieren, seine Speichel spuckende Rhetorik oder seine Gedankengänge?

Alles zusammen. Ich fand seine Art der Argumentation vollkommen absurd, und sein ganzes Auftreten mit der kippenden Stimme ästhetisch äußerst abstoßend.

Von der Faszination, von der ja zumal viele Frauen immer gesprochen haben ...

... ja, und auch ganz coole Männer ...

... haben Sie gar nichts gespürt?

Nichts, nein, überhaupt nichts.

Es gab doch sogar einige Männer des 20. Juli, zu denen auch Treckow und Schulenburg gehörten, die sich anfangs von Hitler und dem Nationalsozialismus etwas versprachen.

Ja, aber Sie dürfen nicht vergessen, es war ja eine trostlose Zeit: Sechs Millionen Arbeitslose, die keine Unterstützung bekamen oder fast keine; das Land wirtschaftlich auf dem Tiefpunkt; rundum keine Hoffnung, überhaupt keine. Und dann kommt da einer und hat die Fähigkeit, den Leuten Hoffnung zu geben. Das ist natürlich unwiderstehlich. Es gab ja sicher auch Programmpunkte wie die Beendigung der Reparationszahlungen, die viele Demokraten ebenfalls für nötig hielten.

Wie erklären Sie, dass ausgerechnet ein Österreicher die preußi-schen Ideale so pervertierte?

Irrwitz. Die Geschichte leistet sich schon komische Sprünge.

Wie sehen Sie denn die Rolle des Adels in der völlig veränderten Gesellschaft unserer heutigen Welt?

Den Adel als Klasse gibt es nicht mehr und wird es nie wieder geben. Es gibt ja auch nicht mehr den Bezugs-punkt für den Adel: den Monarchen, und nicht mehr den Thron, die Lehenstreue, die Hierarchie. Auch gibt es keine Gruppe mehr, die als Adel handelt und wirkt. Bei Einzelnen kann noch der Adel der Gesinnung wirk-sam bleiben. Durch solche Einzelne kann Adel natür-lich noch als Vorbild wirken.

Etwa im Johanniterorden oder bei den Maltesern?

Ja, deren Arbeit ist wichtig. Aber es gibt viele andere, die ähnlich nützlichen Aufgaben widmen, beispiels-weise sich um Straßenkinder kümmern, bei uns oder in Kiew und anderswo, in Bombay, Sao Paulo oder Kap-stadt.

Andererseits spielt ja der Adel in der Boulevardpresse eine enorme Rolle. Er füllt die Klatschspalten, als schrieben wir noch das Jahr 1908. Er liefert Schlagzeilen – siehe den Schirm schlagenden Welfen-Prinzen Ernst-August. Eine merkwürdige Faszination scheint noch immer zu bestehen.

Ja, das ist wohl wahr. Damit können gewisse Blätter immer noch Auflage machen. Für manche Medien bleibt das ein herrlicher Stoff. Ohne den Adel können die gar nicht.

Wobei viele derer, die da in den Klatschspalten auftauchen, Leute sind, die wenig als Vorbilder taugen.

Sehr richtig. In einer Spaßgesellschaft wie der unseren spielen sie natürlich eine andere Rolle als in Preußen. Aber einzelne Leute, sagen wir mal Richard von Weizsäcker – der ist natürlich ein Vorbild für viele Menschen.

Das ist Albert Schweitzer auch gewesen, ganz ohne Graf und »von«.

Richtig. Deswegen sage ich auch: Der Adel hat kein Vorrecht auf Vorbildlichkeit. Nur Weizsäcker war eben nicht nur als Politiker fähig, sondern er ist auch als Mensch etwas Besonderes. Er denkt eine Schicht tiefer, eine Dimension weiter als die meisten anderen Leute. Richard von Weizsäcker ist für mich deshalb das Sinnbild des Adels.

Wenn Sie heute von jungen Leuten gefragt werden, wen Sie ihnen als Vorbild empfehlen – wen würden Sie da außer Richard von Weizsäcker nennen?

Die Gesellschaft ist heute so aufgefächert, dass es ein Vorbild für alle eigentlich gar nicht mehr geben kann. Man muss sich Vorbilder sektoral schaffen oder suchen.

Mensch und Religion

War man religiös in der Gesellschaft, in der Sie aufgewachsen sind?

Natürlich glaubte man. Man wurde getauft. Man ging jeden Sonntag in die Kirche – nicht aus bloßer Gewohnheit, nein, es gehörte einfach dazu. Jeden Morgen gab es in unserem Haus eine Andacht. Auch das gehörte dazu. Da kamen alle, von der Mamsell bis zum Stubenmädchen, manchmal auch die Kutscher, Gärtner, die Inspektoren. Dann spielte meine älteste Schwester auf dem Harmonium einen Choral, den alle mitsangen, und die Mutter las aus dem Evangelium. Das dauert nicht furchtbar lange, vielleicht zwanzig Minuten. Es war ein ganz feststehendes Ritual. Ohne dem wäre es nicht gegangen, und keiner stellte es je in Frage.

So etwas gibt es ja nun heute nicht mehr. Bedauern Sie dies?

Ja, dies ist sehr bedauerlich, weil damit eine metaphysisch bezogene Grundlage verschwindet. Heute sind ja alle nur auf materiellen Nutzen aus.

Waren Sie denn selber fromm im Wortsinne? Religiös?

Ja, das möchte ich eigentlich schon glauben, wenngleich nicht ganz strikt in so einem dogmatischen Sinn, aber doch, ja!

Was erscheint Ihnen da wesentlich: Der Glaube an einen Schöpfer oder an eine Instanz über uns?

Der Glaube an eine Macht, die außerhalb und oberhalb dieser Welt steht und die auch über mich Macht hat.

Wie stellen Sie sich Ihren Gott vor? Als einen, der alles vorher bestimmt, oder als einen, der Ihnen Freiheit lässt?

Letzteres wohl. Ich muss sagen, ich habe nie – auch nicht, als ich jünger war – eine bestimmte Vorstellung von Maria oder Jesus oder Gottvater gehabt. Wirklich wichtig war mir die Gewissheit, dass es eine ordnende Kraft gibt. Die Dreieinigkeit, den Heiligen Geist habe ich mir nie begreiflich machen können, sogar Christus habe ich nur sehr schwer verstehen können.

Dieser Glaube an eine ordnende Kraft kam aus der sonntäglichen Predigt oder eher aus Ihrer Natur-Erfahrung? Sie lebten ja in der Natur, im Wald, in den Feldern, bei den Tieren.

Wenn ich mir vorstelle, wie die Kinder heute leben, beständig am Computer oder vor dem Fernseher … Wir haben auf dem Land ein total anderes Leben geführt. Dabei kommt zum Schluss natürlich auch ein völlig verschiedener Menschenschlag heraus.

Fehlt den jungen Leuten von heute der Glaube?

Ich glaube, dass die jungen Menschen heute ein Gefühl der Unbefriedigtheit, der Unerfülltheit haben. Wenn ich mir dieses Leben im Hamsterrad vorstelle, ist das auch kein Wunder. In Ostpreußen sagte man: Das letzte Hemd hat keine Taschen. Jetzt aber arbeiten die Leute ihr ganzes Leben über wie verrückt. Wer diskutiert noch über Fragen des Warum und Wozu? Also, das macht mir große Sorgen.

Im Augenblick scheint der Trend wieder zu kippen. Gerade die Jungen entdecken aufs Neue, dass das letzte Hemd keine Taschen hat und man sich also nicht kaputtarbeiten oder krumme Dinger drehen soll. Und sie merken, dass sie irgendetwas brauchen, woran sie sich festhalten können. Zum Teil deswegen haben auch die esoterischen Glaubenssekten solchen Zulauf.

Kein Wunder. Der Mensch braucht Haltepunkte, Leitplanken. Schon die alten Pruzzen hatten ihren eigenen Naturglauben. Sie glaubten an den Gott Perkunos. Dieser Naturglaube hat sich bis weit in die Neuzeit erhalten.

Man sagt den Ostpreußen ja oft nach, dass sie sehr abergläubisch seien. Gräfin, waren Sie das nicht bis zu einem gewissen Grade auch?

Ja, natürlich. Ich glaube, alle Ostpreußen haben ein enges Verhältnis zu Mythen und sind dafür weniger sachlich und realistisch als andere. Das macht sie auch liebenswerter, herzlicher, persönlicher. Hier im Westen ist alles viel kühler und sachlicher.

Ein Beispiel für den Aberglauben: Dass es Unglück bringt, wenn man den Mond durch eine Glasscheibe sieht.

Ja, ja, lauter Verrücktheiten. Man kann ja sagen, das ist alles Blödsinn. Aber wenn einer diese Neigung hat, dann glaubt er an derlei Dinge vielleicht nicht so fest, wie ein junger Mensch an Gott glaubt, doch hält er sie für durchaus denkbar. So war es jedenfalls im Osten. Mir ist schon als ziemlich jungem Menschen aufgefallen, wie verschieden die Welt des Ostens von der Welt des Westens war. Der Osten war protestantisch und ländlich, der Westen katholisch, städtisch und industriell bestimmt. Das ergab ein vollkommen anderes Lebensbild – und eine bestimmte Spannung.

Wo fing denn der Westen an?

Ja, wo fing der Westen an? Ich glaube doch: an der Elbe.

Meinen Sie, dass die alte Spannung heute noch nachwirkt im Verhältnis von Ostdeutschen zu Westdeutschen?

Aber ja. 40 Jahre in verschiedenen Welten leben, unter verschiedenen Systemen, mit verschiedenen Vorurteilen und Idealen – das muss ja zu Spannungen führen. Deswegen sind wir ja auch heute, wo wir zusammenleben, weniger eins als damals, als wir getrennt waren.

Sie sagten, der Westen war katholisch, der Osten protestantisch. Gab es Ehen zwischen Katholiken und Protestanten?

Sehr wenige. Es war verpönt.

Warum wurde das so streng gehandhabt?

Nach dem Krieg galt in Bonn ein ganz strenges Gesetz: Wenn der Minister katholisch war, musste der Staatssekretär protestantisch sein und umgekehrt. Dieses Gesetz ist erst in den letzten zwanzig bis dreißig Jahren außer Kraft getreten.

Im Grunde war ja die Gründung der CDU als überkonfessionelle Partei eine große Tat.

Ja, aber zunächst musste noch alles konfessionell ausgewogen werden. Darauf achtete man. Das alte Verhältnis von Katholiken und Protestanten ist auch durch die zwölf Millionen Flüchtlinge sehr aufgemischt worden, die nach dem Kriege kamen. Es war dann nicht mehr so wichtig, ob man nun in diese oder in die andere Kirche ging. Viele waren ohnehin nicht mehr so gläubig.

Es gab in Ihrer Familie auch einen katholischen polnischen Zweig. Ein Kardinal Dönhoff liegt in Rom begraben.

Hm, aber das liegt nun wirklich sehr weit zurück, das spielte in unserer Familie eigentlich keine Rolle mehr.

Haben Sie gebetet in kritischen Lebenslagen?

Aber ja, natürlich.

Eher ganz kindlich oder in der Annahme, da oben sitzt der liebe Gott und schreibt meine Wünsche auf wie der Weihnachtsmann?

Nein, so habe ich es mir sicherlich nicht vorgestellt. Sondern eher als eine Beziehung zwischen Diesseits und Jenseits.

Können Sie sich an bestimmte Situationen erinnern, in denen Sie gebetet haben?

Im Moment nicht.

Als Sie auf die Flucht gingen? Sich auf den Ritt nach Westen begaben, mit dem kleinen Kruzifix in der Satteltasche?

Eigentlich nicht.

Und wenn Sie gebetet haben – war das eher ein Flehen um Hilfe oder war das ein Stück Selbstverständigung? Selbstvergewisserung?

Das kann man Selbstverständigung nennen.

Eine Art tieferes Nachdenken über eine bestimmte Situation?

Ja, wahrscheinlich.

Brauchen die Menschen eine überirdische Instanz?

Offenbar glauben viele, sie brauchten keine. Dabei ist es erstaunlich, dass trotz allem seit Konfuzius Zeiten über die Jahrhunderte hinweg von den Tafeln Mose über die Evangelisten bis zum heutigen Tag das Gefühl vorhanden war, dass der Mensch für sein Tun einstehen muss, dass er Verantwortung übernehmen muss für den anderen, und dass es etwas gibt, was außerhalb unserer Vorstellung liegt, eine letzte Instanz über uns.

Sie sagen, der Mensch brauche einen Bezug zu etwas, das über ihm ist und außerhalb dieser Welt. Muss dies das Christentum sein? Sie haben sehr viele Freunde, Juden und Buddhisten und Hindus …

Nein, es muss natürlich nicht das Christentum sein. Ob bei Konfuzius oder Moses, bei Christus, den Evangelisten oder Mohammed oder auch bei Kant, immer war dieser Glauben da, dass es einen Bezug zum Höheren gibt. Insofern sind die Religionen miteinander ja sehr verwandt. Es ist ja eher eine Erscheinung der neueren Zeit, dass viele Menschen ganz ohne dem auskommen möchten.

Es ist nicht zum ersten Mal, dass man ohne das auskommen möchte. Schon die Französische Revolution hat das versucht.

Ja, und auch die Aufklärung.

Die hat den lieben Gott etwas relativiert.

Nein, sie hat ihn ganz weggeschoben. Nur die Vernunft galt.

Derlei Anwandlungen gibt es immer wieder: Versuche zur Emanzipation, Ausrufe wie den Nietzsches: Gott ist tot! Doch eigentlich wächst heutzutage aufs Neue die Sehnsucht nach einem ethischen Regelwerk.

Nun ja. Jede Übertreibung produziert ihren eigenen Rückschlag.

Was kann man in der Schule tun, um dem Rückschlag auf die Sprünge zu helfen? In Brandenburg gibt es ja den Streit um den Ethikunterricht. Soll man lieber auf dem Religionsunterricht beharren oder müsste man eine andere Form der moralischen Bildung einführen?

Ich finde dieses LER-Vorhaben sehr einleuchtend: Dass man also nicht nur eine einzige Religion lehrt, die christliche oder die islamische, sondern sagt, alle Religionen haben Beziehung zum Höchsten, also unterrichten wir über alle, ohne zu sagen, die eine ist gut und die andere ist schlecht. Das ist ja für junge Menschen sehr beeindruckend, wenn sie lernen, dass der Mensch über dreitausend Jahre immer dasselbe Bedürfnis verspürt, seinem Leben einen Sinn zu geben.

Woher rührt dieses Bedürfnis des Menschen?

Es ist ihm angeboren.

Hannah Arendt hat einmal gesagt, der Mensch braucht ein inneres Geländer …

… ein inneres Geländer, an dem er sich so entlanghan-
gelt, sehr gut.

*Aber muss es etwas Metaphysisches sein? Wenn jemand nachdenkt
über die Grundregeln des Lebens und des Zusammenlebens der
Menschen, muss er dann eine Rückbindung an eine höhere Macht
haben? Reicht Kants moralischer Imperativ, reicht die goldene
Regel nicht aus – was du nicht willst, dass man dir tu, das füg
auch keinem anderen zu …?*

Das sagen alle großen Lehren und Lehrer. Das ist auch
eine der ewigen Wahrheiten.

Die Welt
nach dem Kalten Krieg

In den Umbruchjahren 1989/90 hat sich das Mächtemuster der Welt von Grund auf verändert. Warum kam damals ins Rutschen, was vier Jahrzehnte lang als unverrückbar, unüberwindlich, unveränderlich galt?

Wir haben es alle erlebt, wie die Supermächte 40 Jahre wie verrückt gegeneinander gerüstet haben, mit schrecklichen Feindbildern. Nichts stoppte dies, die Rüstungsspirale drehte sich immer höher – und plötzlich kommt da ein Mensch, nämlich Gorbatschow, sieht die Welt mit neuen Augen an und sagt: Was soll das eigentlich? Wir sind doch nicht Erbfeinde. Und dann bricht das Feindbild, bricht das ganze Weltbild zusammen. Sachlich ändert sich zunächst nichts. Es wird weiter gerüstet. Aber die Staatsmänner haben mit einem Mal ein neues Bild vor Augen. Damit wird Einkehr, wird Umkehr möglich.

Wäre dieses Bedürfnis nach Umkehr auch ohne die westliche Hochrüstung entstanden?

Das kann man nicht beweisen.

Hätte man Stalin durch Nichtrüsten beeindrucken können?

Ich habe ja immer die Ansicht vertreten: Nicht die reine Politik der Stärke, wie sie Adenauer predigte, sondern Rüsten und zugleich Reden, Eindämmung und zugleich Entspannung. Ich bin sicher, dass das letzten Endes auch das richtige Rezept war.

Die atomare Abschreckung hat die Eindämmung ermöglicht – jenes Containment, das Ihr Freund George Kennan erfunden hat. Sie hat dann auch dazu geführt, dass ein Mann wie Gorbatschow an den Punkt kam, wo er sagte: Es ist eigentlich alles Irrsinn, was wir treiben. Wir können unsere Sicherheit mit viel weniger Aufwand verbürgen. Ein anderer Ihrer Freunde, Helmut Schmidt, hat in seinem Doppelbeschluss zur Nachrüstung auch immer auf beides Wert gelegt: einerseits auf die Bereitschaft zu verhandeln, zu entspannen, andererseits auf den Aufbau einer Gegenbedrohung, solange wir selbst bedroht werden.

Genau dies ist meine Ansicht auch. Der Witz ist eben, dass man nicht alternativ sagt, entweder Rüsten oder Reden, sondern wie Kennedy dafür plädiert, beides gleichzeitig zu tun. Das ist natürlich das Geheimnis. Weil ja die meisten Menschen ein einseitiges Hirn haben, können sie immer nur das eine für wichtig halten.

Ein anderer Ihrer Freunde, Wolf Jobst Siedler, hat einmal gesagt, Gorbatschow habe die russische Geschichte ruiniert, um die ruinierte deutsche Geschichte zu retten.

Ja, das ist sehr witzig formuliert.

Und es erklärt vielleicht, weswegen Gorbatschow in Deutschland in viel höherem Ansehen steht als in Russland, denn er hat ja nicht nur das Zerplatzen der Sowjetunion bewirkt, er hat zugleich das Reich Peters des Großen zerschlagen, die ganze über 300 Jahre alte Petrinische Ordnung.

Er hat ermöglicht, dass das furchtbare Sowjetimperium ohne Bürgerkrieg, ohne Blutvergießen ein Ende fand. Dass er in Russland als Zerstörer des russischen Reiches gilt – nun, das ist eine falsche Diagnose.

Hätte er es verhindern können, dass Russland auf den heutigen Status absinkt?

Vielleicht hat er geirrt, als er zuerst die Parolen Perestrojka und Glasnost ausgab, anstatt mit der Reform der Kommandowirtschaft zu beginnen.

Die Chinesen haben daraus die Folgerung gezogen: So wie Gorbatschow machen wir es nicht. Wir fangen nicht mit Glasnost und Perestrojka im Politischen an, sondern wir lockern erst in der Wirtschaftspolitik auf, die politische Auflockerung kommt dann später. Also gibt es zwei ganz verschiedene Modelle, wie man den Übergang vom Kommunismus bewerkstelligen kann.

Mich hat sehr fasziniert, dass drei ehemals kommunistische Länder mein Buch »Zivilisiert den Kapitalismus« *a tempo* übersetzt haben – die Russen, die Chinesen und die Polen, und alle innerhalb von vier Monaten. Da habe ich mir gesagt, dass kann wohl nur damit zusammenhängen, dass sie alle ein bisschen Demokratie wollen, ein bisschen Pluralismus, ein bisschen Kapitalismus, ein bisschen Sozialismus – aber von letzterem nicht zu viel. Wenn einer, der dies alles kennt, das kritisiert, dann lernen wir vielleicht, wo die Grenze ist.

46

*Sie haben viel gesehen in Ihrem Leben. Als Sie geboren wurden,
gab es 27 europäische Staaten. Inzwischen sind es 54. Glauben
Sie, dass die heutige Ordnung, die jetzige Landkarte Europas am
Ende unseres Jahrhunderts noch so aussehen wird wie an seinem
Anfang, im Jahre 2001?*

Die Nationen werden immer eine Rolle spielen, aber die
Grenzen nicht mehr. Es ist ja heute schon so: Wir fahren in der Europäischen Union über 13 Grenzen ohne
Pass, in zwölf EU-Ländern können wir überall mit dem-
selben Geld bezahlen. Beide Tendenzen wirken gleichzeitig: die Tendenz zur Globalisierung und die Tendenz,
Rückhalt im Eigenen zu suchen.

*Wobei die nächste Frage wäre: Ist die Auflösung der großen Viel-
völkerstaaten Russland, Österreich-Ungarn, Osmanisches Reich,
Jugoslawien uns eigentlich zum Segen ausgeschlagen oder rühren
daher viele unserer heutigen Probleme? Wie weit darf man eigentlich das Prinzip der Selbstbestimmung treiben? Kann jeder noch so
kleine Stamm seinen eigenen Staat beanspruchen?*

Nein. Dafür haben wir die europäische Integration.
Jetzt sind 15 Staaten in der Europäischen Union, bald
werden es zwei Dutzend sein oder mehr.

*Auf dem Balkan ist die Fragmentierung nicht verhindert worden.
Dort hat jeder jetzt plötzlich seinen eigenen Staat. Die Tschetsche-
nen wollen ihren, die Uiguren wollen ihren, und die Kurden wollen nicht zurückstehen. War die Einbettung in die überwölbende
Ordnung dieser Vielvölkerstaaten dem Frieden nicht förderlicher?*

Das war früher einmal. Aber auch da macht sich wieder
der dialektische Prozess der Geschichte bemerkbar. Der
Nationalismus war die Reaktion auf die Vielvölkerstaaten. Viele empfanden sie als »Völkergefängnisse«.

Wobei Sie zu Recht sagen, es gibt ja beides: einerseits den Drang zur Selbständigkeit in ganz kleinen Einheiten, andererseits den Drang zur Integration in größere Einheiten. Was ist da das höhere Prinzip?

Da ist in der Tat ein Modell gesetzt worden in Europa, wie man alte Erbfeindschaften überwindet, alte Streitigkeiten für erledigt erklärt und dann unter voller Beibehaltung der Nationen und ihrer Eigenheiten doch eng zusammenrückt und zusammenarbeitet.

Palästina und Israel – werden sie je Frieden finden?

Ich kann es mir nicht vorstellen. Wenn andere Motive eines Tages wichtiger werden als die nationalen und die rassischen, dann wird auch das sich ändern, aber solange jeder auf seinem Stück Land und seinem Standpunkt beharrt, glaube ich, kann das nicht funktionieren. Immer, wenn die sich oben zu einigen scheinen, dann kommt ja heute irgend so ein palästinensischer Selbstmord-Attentäter und sprengt einen Bus in die Luft. Oder ein orthodoxer Siedler geht zur Attacke über. Dann geht es von neuem los.

Welche Weltordnung, glauben Sie, wird sich in den nächsten dreißig, vierzig, fünfzig Jahren herausbilden? Glauben Sie, dass die amerikanische Dominanz andauern kann?

Ich finde das Komplizierte bei den Amerikanern ist, dass sie zwei verschiedene Motive, Urmotive haben. Das eine: Wir sind die Stärksten und Besten und Größten, wir brauchen uns von niemandem dreinreden zu lassen. Und das andere: Wir sind diejenigen, die nur Gutes tun, die den Fortschritt wollen, die Demokratie verbreiten und den Wohlstand. Beide Motive lassen sich eigentlich kaum miteinander verbinden. Heute lässt sich nur schwer sagen, wohin die Reise geht.

Glauben Sie, dass sich irgendwo anders neue Machtzentren bilden werden? China? Oder aufs Neue Russland?

China sicher. Die Russen, na ja. Verglichen mit China sind sie doch nur eine Mittelmacht. In fünfzig Jahren mag sich die Welt ähnlich ausnehmen wie Ende des 19. Jahrhunderts: Weltweit gibt es mehrere Großmächte, Amerika, Russland, Europa, China, und vielleicht schaffen auch Indien oder Brasilien den Sprung in die Weltliga. Und auch Japan kann sich wieder berappeln. Es wird verschiedene Zentren geben. Die Globalisierung erfordert paradoxerweise eine Regionalisierung. Unter ihrem großen Dach werden sich verschiedene Regionalblöcke bilden.

Sie reisten früher viel in Afrika. Als die Kolonien dort in den sechziger Jahren unabhängig wurden, waren Sie sechs Monate in Schwarzafrika unterwegs.

Ja, ich habe die Großen alle noch erlebt, Nkrumah, Kaunda und wer das alles war.

Wenn Sie heute auf diesen Kontinent blicken, ist da nicht Hopfen und Malz verloren?

Ich glaube nicht, weil die Afrikaner strebsam und tüchtig sind.

Südlich der Sahara sieht es ziemlich traurig aus, ob nun das nun Nigeria ist oder der Kongo, Angola oder Zimbabwe.

Na ja, auch Johannesburg ist ein Verbrechernest. Aber man muss, man darf hoffen.

Trägt der Westen noch eine gewisse Verantwortung für seine ehemaligen Kolonialländer?

Wie man's nimmt. Ich persönlich finde, eigentlich nicht. Schwer zu sagen.

Ghana und Korea hatten im Jahr 1960 das gleiche Pro-Kopf-Einkommen, rund 225 Dollar. Heute liegt Ghana immer noch bei 370 Dollar, Korea aber, Südkorea, bei 9 800 Dollar. Warum haben die Asiaten dies geschafft, und zwar fast alle Asiaten, von Korea bis nach Thailand und sogar Indonesien? Und warum hat es kein afrikanisches Land geschafft, in die Wachstumszone hineinzukommen?

Weil es so wahnsinnig schwer ist, aus diesen wirklich unterentwickelten Ländern etwas Entwickeltes zu machen. Und weil sie wohl – wie die Russen – mehr aushalten können als wir. Sie leben pragmatischer, schicksalsergebener als wir.

Südkorea war genauso unterentwickelt, außerdem noch zerstört nach dem Korea-Krieg. Die haben es geschafft. Hängt das mit der Rasse zusammen?

Also, ich wehre mich dagegen, aber ich weiß es nicht.

Ihr Freund George Kennan führt es auf das Klima zurück. Nur im gemäßigten Klima könne der Mensch wirklich Leistung erbringen, nicht dort, wo es heiß ist und feucht und einem die Kokosnüsse auf den Kopf fallen ...

Nun, das würde ich auch unterschreiben.

Die Geographie ist also entscheidender als die Geschichte?

Nein, Geschichte richtet sich nach der Geographie.

In Afrika gibt es viele gescheiterte Staaten, viel Blutvergießen in ewigen Bürgerkriegen und Stammeskonflikten. Wo liegt da die Grenze der Einmischung? Müssten wir nicht in Ruanda eingegriffen haben?

Die Ungerechtigkeiten in der Welt, auch all die Menschenrechtsverletzungen, kann man nur punktuell bereinigen. Auch kann man den Terrorismus nicht als solchen beenden. Man kann allenfalls einzelne Fälle anpacken.

Also ganz pragmatisch vorgehen? Das heißt jedoch, dass wir auch viel Ungerechtigkeit einfach dulden müssen.

Ja, müssen wir. Nur nicht Gewalt. Gewalt kann man nicht dulden. Vielleicht muss man solch eine Kategorisierung vornehmen.

Auch definieren, was gerecht ist?

Ja, darüber muss man sich einig sein, sonst geht's gar nicht. Aber das gehört natürlich zusammen: Verantwortung und Gerechtigkeit, Toleranz und Liberalität. In Afrika und anderswo herrscht viel Elend und viel Ungerechtigkeit.

Die Entwicklungsländer nehmen nur beschränkt teil am Welthandel. Wie kann man ewas mehr Gerechtigkeit schaffen?

Das frage ich mich auch.

Wir sitzen fett wie die Maden im Speck, und auf der Südhälfte des Globus gehen Menschen am Hunger zugrunde.

Das ist eine ganz schwierige Sache.

Hatten Sie das Gefühl, dass der Schwarze Kontinent von sich aus auf die Beine kommen kann?

Ja, nur in zeitlichen Vorstellungen, die für uns nicht vorstellbar sind. Es fehlen ja alle Voraussetzungen, ein Rechtssystem, ein Verkehrssystem, ein Steuersystem.

Ist es nicht noch schlechter, noch schlimmer geworden seit der Zeit, als Sie dort waren?

Nein, das glaube ich nicht. Es ist nur allen alles bewusster geworden, einerseits das Schlimme, andererseits das Gute.

Sollten wir uns in die afrikanischen Angelegenheiten ruhig einmischen?

Ja. Man müsste versuchen, dort einen Rat von vernünftigen Leuten einzurichten, der die Grenzen des Erträglichen definiert.

Es ist jetzt große Mode geworden, dass der Westen sich pausenlos entschuldigt für die Untaten, die er beispielsweise in Afrika mit der Sklaverei angerichtet hat; oder die Amerikaner für die Ausrottung der Indianer; oder die katholische Kirche für die Inquisition. Sind solche Entschuldigungen sinnvoll?

Sicher nicht.

Haben sich die Dönhoffs je für die Ausrottung der Pruzzen und Kaschuben entschuldigt?

Nein. Ich bin ja gegen diese ganze Apologetik. Geschichte lässt sich nicht ungeschehen machen. Aber für manche Leute ist das entlastend.

Freiheit und Gleichheit

Der junge polnische Schriftsteller Andrzej Stasiuk gab jüngst der »Neuen Zürcher Zeitung« ein Interview. Dabei wurde er gefragt: »Wie geht es eigentlich den Bauern in Ihrer Region mit der freien Marktwirtschaft?« Seine Antwort: »Sehr schlecht. Der Kapitalismus ist eben eine Gesellschaftsordnung, die nicht für jeden gut ist. Es gibt breite Schichten, die mit dem Sozialismus ganz zufrieden waren, weil er eine gewisse Existenzsicherung gewährte. Freiheit ist nicht für alle gut. Wenn ich nach Rumänien fahre, treffe ich häufig auf nostalgische Erinnerungen an Ceausescu, und ein repressiveres System als in Rumänien lässt sich kaum denken, höchstens vielleicht noch unter Stalin seinerzeit in Russland. Ich glaube, die Menschen brauchen überhaupt keine Freiheit. Das ist eine fixe Idee der Intellektuellen. Man sollte aus der Freiheit keinen Fetisch machen.« Was heißt das denn?

Daraus spricht tiefe Enttäuschung. Der hat sicher einmal gehofft, es würde, wenn der Stalinismus erst einmal vorbei ist, alles perfekt werden. So geht es ja sehr vielen.

Auf der anderen Seite spricht er ja, um es provozierend auszudrücken, wie ein ostpreußischer Gutsherr vor dreihundert Jahren: Die Leute können mit der Freiheit nichts anfangen, deswegen soll man sie ihnen ersparen. So sagt es auch der Großinquisitor bei Dostojewski.

Ja, kann sein. Es ist ja aber nicht nur der Großgrundbesitzer, der das gesagt hat, sondern jeder gewerbliche Unternehmer – jeder, der vor dreihundert Jahren etwas zu bestimmen hatte.

Der jüngst verstorbene polnische Schriftsteller Andrej Szcypiorski hat einmal die klassische konservative Ansicht so formuliert: Die Menschen wissen nicht, was gut für sie ist. Wir wissen das sehr viel besser. Und deswegen ist es für sie von Vorteil, wenn sie nicht frei sind, Unfug anzurichten, sondern wenn wir ihnen sagen, was gut für sie ist. Was setzen Sie aus Ihrer Lebenserfahrung gegen diese Logik? Sie haben ja mehr als ein Regime erlebt, das genau zu wissen glaubte, was die Menschen wollten, und das ihnen dann ihr Glück aufgezwungen hat.

Meinen Sie Hitler?

Und Stalin.

Als die Hitlerei vorbei war, haben wir immer gesagt: Auf keinen Fall wollen wir je wieder ein System, das uns erklärt: Wenn ihr das so und so macht, dann werdet ihr glücklich oder frei. Dies muss jedem überlassen bleiben. Die Freiheit besteht darin, dass der Einzelne wählen kann. Und das war meiner Ansicht nach ganz richtig.

Hat sich das bestätigt?

Ich meine ja. Deswegen kann ich mich auch nicht aufregen, wenn die Rechtsextremisten gelegentlich ein paar Prozentpunkte einheimsen. Ob NPD, ob DVU, ob Republikaner: Immer waren sie drei, vier Jahre da, und dann verschwanden sie wieder. Deswegen mache ich mir keine Sorgen. Denn die Leute wollen Gerechtigkeit, Toleranz, Liberalität und Verantwortung. Sie wollen reisen können, wohin sie wollen; lesen können, was sie wollen; reden dürfen, was sie wollen. Also sie sind geimpft gegen jedes totalitäre System.

In den neuen Bundesländern blicken viele Menschen immer wieder nostalgisch zurück und sagen: Früher ging es gerechter zu. Wir waren nicht frei, aber es gab eine gewisse Gerechtigkeit in der herrschenden Ordnung. Die Unterschiede zwischen ganz unten und ganz oben waren nicht so groß. Wie sehen Sie diesen Spannungsbogen zwischen Freiheit und Gleichheit?

Ich glaube, dass beides nicht zu vereinen ist.

Und wenn man wählen muss – was ist dann wichtiger?

Das ist für jeden was anderes. Für mich wäre die Freiheit wichtiger.

Ralf Dahrendorf, einer Ihrer langjährigen Freunde, sagt und schreibt immer wieder, dass die Freiheit jedem die gleiche Entfaltungsmöglichkeit gibt und deswegen vor der Gleichheit zu kommen hat.

Ja, ja. Aber das ist natürlich reine Theorie.

Warum dies?

Man braucht sich ja bloß in der Welt umzusehen. Es herrscht doch nicht unbedingt dort Gleichheit, wo Freiheit ist.

Dahrendorf meint nicht Ergebnisgleichheit, sondern Chancengleichheit. Jeder kann Millionär werden oder Ministerpräsident oder Mercedes-Chef oder …

Also, jeder kann Minister werden, aber auch Millionär?

Jeder hat auch dazu die Chance, wobei der Aufstieg den einen wohl leichter fällt, weil sie auf einer höheren Stufe starten als diejenigen, die von ganz unten kommen.

Es kommt vollkommen auf die Umwelt an. In einer hierarchischen Gesellschaft kann nicht der Sohn vom Nachtwächter Minister werden.

Haben wir heute noch eine hierarchische Gesellschaft?

Zum Teil gewiss. Doch auch viel Durchlässigkeit nach oben. Wir haben eine ganze Reihe Leute unter den Ministern oder Abgeordneten, die aus ganz einfachen Verhältnissen kommen. Die sind zur Schule gegangen, haben sich Kenntnisse angeeignet …

Und wo herrscht dann noch Ungleichheit?

Tja, im Grunde ist alles ungleich, nicht?

Noch einmal: Die Politwissenschaftler unterscheiden zwischen Chancengleichheit und Ergebnisgleichheit. Sie sagen, im Ergebnis kann nicht jeder gleich sein. Es kann zum Beispiel nicht jeder Ministerpräsident werden, weil wir nur 16 Ministerpräsidenten haben. Es kann auch nicht jeder Mercedes-Chef werden. Aber die Chancengleichheit muss bestehen. Jeder, der die Fähigkeit dazu hat und sich auf seinem Bildungsweg entwickelt, soll diese Möglichkeit haben.

Einer, der aus einem Milieu kommt, wo man auf gute Manieren, Gesten und Formen keinen großen Wert legt, der hat es schwerer als einer, der sehr liebenswürdig und offen ist und natürlich genau weiß, wie man's macht.

Es gibt Beispiele von großen Industrie- und Wirtschaftsführern, die sich von ganz unten durch eine Kfz-Lehre, Mechanikerlehre oder Ähnliches bis an die Spitze eines Konzerns hochgearbeitet haben. Sie haben sich Manieren und die Umgangsformen im Laufe der Zeit angeeignet. Und Herzenshöflichkeit findet man ja oft bei einfachen Menschen eher als bei hochmögenden.

Warum interessiert uns das so sehr? Weil man versuchen möchte, seine Zeit so zu sehen, dass es wirklich eine Gleichheit der Chancen und des Erfolgs gibt? Oder was begründet unser Interesse?

Es ist einfach die zentrale Frage: Ist ein System so beschaffen, dass jene, die es verdienen, nach oben zu kommen, auch nach oben kommen dürfen und können?

Und wer entscheidet darüber?

Letztlich wohl der Einzelne, indem er sich bildet, indem er sich ausbildet, indem er Teamgeist lernt oder Erfindungsreichtum pflegt. Die Soziologen sprechen von Meritokratie. Das heißt, dass man durch seine Meriten, durch die Verdienste, die man sich erwirbt, auch zu seinem Verdienst kommt.

Darüber müsste ich noch mal nur für mich nachdenken, denn ich sehe da überall Klippen. Sicher, es gibt Leute wie Helmut Schmidt, Gerhard Schröder, Joschka Fischer, die immer weiter aufgestiegen sind. Aber es gibt auch Gegenbeispiele.

Für Frauen gibt es Chancengleichheit offenkundig noch nicht.

Bei uns schon.

Glauben Sie das wirklich? Wenn man sich unsere Vorstandsetagen ansieht, so sind Frauen dort immer noch die Ausnahme.

Gut, aber wenn Sie die Parlamente betrachten, sieht es anders aus. Im Bundestag haben sie jetzt immerhin die Quote von 30 Prozent erreicht.

Ist es eigentlich wünschenswert, dass Frauen unbedingt in den Beruf ziehen?

Nein, wahrscheinlich nicht. Aber wünschenswert ist es, dass sie nicht mehr von den Männern tyrannisiert werden.

Es ist also wünschenswert, dass die Frauen zu Hause bleiben?

Nein, das habe ich damit nicht gesagt. Ich habe nur gesagt, sie sollten nicht tyrannisiert werden von den Männern, indem die sagen: Du bleibst zu Hause und machst den Haushalt und die Kinder …

Aber es gibt jetzt durchaus gerade jüngere Frauen, die sich sagen: Eigentlich ist es doch unsere Berufung oder unser Beruf, die Familien zusammenzuhalten, die Kinder mit einer seelischen Grundausstattung zu versehen … Susanne Gaschke hat gerade ein Buch darüber geschrieben. Die Frau des Bundeskanzlers vertritt die Ansicht: Man muss Kinder erziehen, und das können Mütter besser als Väter …

Das ist doch noch sehr die Frage. Das ist unsere Vorstellung, aber das ist ja nicht unbedingt naturgegeben. Nein. Wir reden doch alle immerfort davon, die Kinder hätten kein Zuhause mehr. Ich sage immer: Ihr redet dauernd von der Familie, doch worin besteht denn heute die Familie? Die Alten kommen ins Altersheim, die Kinder kommen in den Kindergarten und die Eltern lassen sich scheiden. Wo zum Teufel ist da noch Familie? Es ist aber nicht prädestiniert, dass die Frau dieses tun muss und der Mann jenes.

Hätten Sie sich vorstellen können, Ihre Karriere als Journalistin zu machen und zugleich eine Familie, eigene Kinder zu haben?

Ich habe mir das eigentlich nie so furchtbar gewünscht. Ich hatte ja immer fortwährend welche. Erst hatte ich die drei Kinder von meinem ältesten Bruder, der im Kriege fiel; seine Frau ist ganz jung gestorben. Dann hatte ich die zweite Generation.

Gräfin, das waren alles Kinder, die in einiger Entfernung von Ihnen lebten, die nicht abends, wenn Sie aus dem Büro kamen, auf Sie warteten und Abendbrot gerichtet haben wollten. Hätte man sich Ihre Karriere mit einem Mann und drei Kindern vorstellen können?

Ach, es hat einige wenige gegeben, die das konnten. Aber normalerweise geht das nicht. Das ist zu viel.

Nun kann man sich durchaus Organisationsformen der Arbeitswelt ausmalen, wo die Frauen einen halben Tag arbeiten oder drei Tage in der Woche und die Kinder verlässlich bis um zwei Uhr nachmittags oder noch länger in der Schule sind.

Ein bisschen geht es ja auch heute schon so.

Viele machen es heute schon so, aber die Gesellschaft ist insgesamt noch nicht darauf eingerichtet. Müssen wir uns damit abfinden, dass die Familie nicht mehr existent ist?

Ich glaube, sie wird wieder in Erscheinung treten, sobald die Überspitzung so weit geraten ist, dass Familie überhaupt nicht mehr existiert. Auch hier vertraue ich auf das dialektische Gesetz, das sich in der Geschichte eigentlich immer bewahrheitet hat.

Wobei der dialektische Umschlag sehr viel schwerer gelingen wird, denn wir leben nicht mehr auf dem Bauernhof, wo man ein Altenteil hatte und wo die Jungen und Mädchen alle miteinander spielten, wo es keinen Autoverkehr gab und man nicht unbedingt Angst davor haben musste, die Kinder auf die Straße zu lassen. In unserer verstädterten Welt wird sich das alte Muster schwer wiederherstellen lassen – das alte Familienmuster mit der dreigliedrigen Familie, die Großeltern auf dem Altenteil, Mutter zu Hause und die Kinder zu Hause.

Nein, das glaube ich auch nicht. Nichts kommt genauso wieder, wie es war.

Wie war es früher bei den Dönhoffs? Was geschah in der Familie mit den Alten?

Die wohnten alle zusammen auf einer Etage im Schloss, wo viel Platz war, in einem anderen Flügel. Ihnen wurden dann die Kinder zugeschoben, wenn die Eltern weggingen, auch die Enkelkinder. Die Großmütter waren selig, wenn sie endlich die Enkelkinder hatten. Der Familienverbund war viel enger.

Im Fuhlsbütteler Gefängnis haben Sie jahrelang Gefangene betreut. Sie waren unterschiedlich, in einem jedoch waren sie sich alle einig: Sie waren immer von ihrer Unschuld überzeugt.

Ja, immer war die Gesellschaft schuld.

War die Gesellschaft schuld oder mit schuld? Das war ja das Morgen- und Abendgebet der Achtundsechziger: Nicht der Verbrecher ist schuld, sondern die Gesellschaft hat ihn zum Verbrecher gemacht..

Ich finde, dass die Menschen es sich sehr leicht machen, indem sie sagen – wie ja auch viele Wissenschaftler –, dass immer die Gesellschaft schuld ist.

Es ist nicht die Gesellschaft?

Zum Teil ja. Ich würde sagen, eine Gesellschaft ohne moralische Barrieren und ohne ethische Inhalte oder Grundlage kann gar nicht überleben, weil Spielregeln, Normen und Formen dazugehören.

Verbrecher, Mörder, Diebe, Räuber hat es auch gegeben, als die gesellschaftlichen Moralvorstellungen noch intakt waren.

Aber viel, viel weniger.

Die Kriminalstatistik sagt uns etwas anderes.

Aber Freunde, es ist doch nie vorgekommen, dass in einer Schulklasse ein Schüler mit dem Messer auf die Lehrerin zugeht und ihr den Hals durchschneidet, und alle gucken zu.

Was haben wir im Laufe der Geschichte alles an Piraterie und Wegelagerei erlebt!

Das gehört alles nicht zur Gesellschaft im eigentlichen Sinne. Ich glaube, man muss vergleichen, was vergleichbar ist, nicht was unvergleichbar ist.

Viele argumentieren, Armut führe zum Verbrechen – und da er arm ist, ist der Verbrecher entschuldigt?

Ich würde sagen, eine Gesellschaft, die zu ungerecht ist, in der ein tiefer und breiter Graben klafft zwischen Arm und Reich, die muss an der Norm kaputtgehen. Das kann keine Gesellschaft aushalten: um 20 Prozent die

Reichen reicher, um 10 Prozent die Armen ärmer in derselben Zeitspanne!

Sind nicht die 70 Prozent dazwischen sehr viel mehr als früher?

Das ja. Aber der Vergleich ist das Wichtige: Du bist so reich, und ich armes Schwein muss hungern.

Nun muss ja bei uns kein Mensch hungern. Auch die Armut in der Bundesrepublik ist zurückgegangen.

Ein gescheiterter Vorstandsvorsitzender kriegt 60 Millionen Abfindung, die Angestelltengehälter kürzen sie um drei Prozent. Das ist schon schwer zu begreifen.

Es ist aber nicht notwendigerweise eine Rechtfertigung dafür, dass man ins Verbrechertum abrutscht, dass man zum Verbrecher wird. Das kann einen vielleicht auf die Barrikaden treiben, zur Revolution.

Aber doch, es kann zu Diebstahl und auch zum Mord führen.

Das heißt, wir müssten jetzt zu dem Thema Gerechtigkeit kommen. Also: Wie viel Ungerechtigkeit ist erträglich? Ist das noch gerecht, wenn einer 60 Millionen Abfindung erhält?

Man könnte sagen: Es ist so lange gerecht, wie jeder die Chance hat, ebenfalls auf einen Posten zu kommen, wo er 60 Millionen Abfindung kriegt. Aber wenn einer die Chance gar nicht hat? Und fast alle haben sie gar nicht …

Jeder Soldat hatte früher den Marschallstab im Tornister, jeder hat heute den Aufsichtsratsposten im Laptop.

Ist das wahr? Darüber sollten wir ein anderes Mal reden.

62

Egoismus und Gemeinsinn

Ihre zentrale Botschaft in den letzten zehn Jahren war: Zivilisiert den Kapitalismus. Die Fehlentwicklungen, die Sie beklagen, sind aber offenbar von den Menschen durch den Gebrauch ihrer Freiheit so gewollt worden.

Nein, das glaube ich überhaupt nicht. Ich glaube, dass nie einer die Übertreibung will. Da muss man sehr, sehr, sehr maßvoll führen.

Welche Art von Übertreibungen kritisieren Sie?

Eben dass man glaubt, der Staat soll Schulen unterhalten und Krankenhäuser bauen, ich aber soll produzieren und konsumieren. Nicht diese Übertreibung! Marktwirtschaft heißt heute: jeder so viel er kann für sich selber. Unser Prinzip war früher das preußische: Alles, was du nur für dich tust, ist ganz unwichtig.

Wenn einer reich wird im kapitalistischen System und ehrlich bleibt, dann zahlt er ja auch seinen Anteil an Einkommensteuer …

Dann ist das auch gut …

Er trägt damit sein Scherflein bei zu Schulen, Straßen, Krankenhäusern. Das Seltsame an dem System ist doch, dass der kleine

Mann zahlen muss, ihm wird die Lohnsteuer einbehalten, wohin-
gegen die Großen, die Menschen mit hohen Einkommen, alle mög-
lichen Schlupflöcher nutzen können und unsere Großunternehmen
jahrelang keine Steuern zahlen.

Wenn sie nur die Schlupflöcher nutzen, dann kann man
das noch verstehen. Aber sie betrügen ja richtig. Was
heißt da schon Gerechtigkeit?

Wie aber stellt man Gerechtigkeit her? Sagt man, der Chef eines
Unternehmens darf nicht mehr als zehn oder vierzig Mal so viel
verdienen wie der jüngste Lehrling? Welche Maßeinheit gibt es
da?

Ich schlage ein Gesetz vor, eine Art Erbschaftsgesetz,
wonach bei einem großen Vermögen der Erblasser eine
Stiftung gründen muss für gute Zwecke; danach erst
kann er den Rest nach freiem Belieben an seine Familie
verteilen. Zunächst einmal muss er richtig großzügig
etwas für die Allgemeinheit tun.

Ob man dafür eine Mehrheit im Bundestag bekommt?

O ja, natürlich. Mein Vorschlag müsste doch sehr popu-
lär sein. Wie viel der Erblasser in eine Stiftung zu geben
hat, das kann der Gesetzgeber regeln. Hauptsache, es
wird für die Allgemeinheit eine größere Aufwendung
sein.

Das geschieht doch heute schon, indem die Jungen, die nachfol-
gende Generation, die Erben, Erbschaftssteuer zahlen. Deswegen
werden im Vorwege ja so viele Übertragungen und Schenkungen
gemacht. Aber Walther Rathenau hätte Ihrem Prinzip zuge-
stimmt. Er fand, das Erbrecht solle abgeschafft werden.

Und wohin geht die Erbmasse?

Die geht dann an den Staat.

Da scheint mein Vorschlag eigentlich gerechter. Wäre er Gesetz, würde er das Bewusstsein der Bürger dafür schärfen, dass sie etwas für das Wohl der Allgemeinheit tun müssen. Ich habe mich eine Weile mit dem Gedanken beschäftigt, Filmregisseure – und ich war deswegen auch bei Volker Schlöndorff – zu begeistern, dass sie Filme machen, in denen junge Leute zeigen, dass sie etwas leisten wollen, dass sie zeigen dürfen, was sie können. Wenn es gelänge, einen wirklichen aufregenden Film zu machen, der nicht bloß das Gute predigt, sondern abenteuerlich daherkommt, aber so, dass am Ende dann das Gute dabei herausschaut – wahrscheinlich könnte man mit einem solchen Film sehr viel bewirken. Ich habe das doch bei »Schindlers Liste« im Kino erlebt. Alle Zuschauer waren ergriffen, während sie sonst mit Schokoladenpapier knistern, streiten und reden.

Ihnen schwebt ein zeitgenössischer Karl May vor, der das Abenteuer mit Idealen verbindet und diese damit eingängig und einleuchtend macht?

Genau das.

Gräfin, noch einmal zurück zu Ihrer Bemerkung: Wir müssen umdenken, der Mensch muss sich ändern. Wer kann eigentlich dieses Umdenken heute bewerkstelligen oder bewirken? Sind das Bischöfe? Sind es die Philosophen? Sind es die Pädagogen? Oder sind es die Leitartikler? Wo soll die Energie, soll der Antrieb herkommen?

Deswegen sagte ich ja vorhin, man muss etwas erfinden – nicht Max und Moritz, sondern Karl May und Winnetou, etwas Fesselndes, etwas, das abenteuerlich ist und dennoch gut.

Die Idee klingt nicht schlecht. Bloß: Wird das Ganze dann nicht mehr als Abenteuer gesehen denn als moralische Lektion?

Nein, das ist gerade der Witz. Es wird so dargestellt, aber es wirkt als moralische Anstalt.

Lässt sich das mit einem Film bewirken?

Natürlich nicht. Aber wenn man einen Film hat, der groß einschlägt, dann gibt's nachher unendlich viele, die das nachahmen.

Wie kann man den Gemeinsinn sonst noch fördern? Was halten Sie zum Beispiel davon, dass man, wenn irgendwann die Wehrpflicht ausläuft, eine nationale Dienstpflicht für Männer und Frauen einführt: Ein Jahr tut jeder etwas gesellschaftlich Nützliches. Etwas, was armen Menschen oder kranken Menschen oder behinderten Menschen hilft? Oder dem Frieden in Angola oder im Kongo?

Das finde ich vorzüglich.

Sie würden dies nicht für ein typisch diktatorisches Vorhaben halten, das an das Pflichtjahr der Nazis erinnert?

Das war ja damals alles sehr verlogen. Die Gemeinschaft, in der wir alle leben, hat durchaus einen Anspruch darauf, dass jeder von uns sich für diese Gemeinschaft einsetzt.

Entweder als Soldat oder als Feuerwehrmann, als Zivildienstler oder als Friedenshelfer in Angola?

Unbedingt. Ich würde mir kein Gewissen daraus machen. Im Gegenteil: Das schüfe eine Gesellschaft, die in gewisser Weise vorbildlich wäre. Für die würden die Jungen sich auch mit Passion einsetzen.

Und man sollte sich davon auch nicht freikaufen können?

Nein. Helmut Schmidt hat ja immer phantastische Zahlen, wie viel Gesetze in einem Jahr gemacht werden und wie viel Verordnungen. Davon kann man bestimmt 90 Prozent streichen und mit den restlichen 10 Prozent dann eine vernünftige Gesellschaft machen. Man muss nur den Mut haben, gegen die Gewerkschaften aufzutreten oder gegen die Industrieführer oder gegen die Parteipropagandisten.

Ist eine parlamentarische Demokratie in der Lage, diesen Mut aufzubringen?

Das ist die große Frage.

Es gibt aber noch eine andere Frage: Ist nicht unsere Gesellschaft so kompliziert geworden, dass sie tatsächlich so vieler Regelungen bedarf – einfach damit sie funktioniert? Ist die Gesetzesflut nicht unvermeidlich? Helmut Schmidt hat über die Gesetze auch erst gejammert, als er nicht mehr Kanzler war. Viele der Gesetze, die er später als Verleger der ZEIT beklagt hat, weil sie die Personalpolitik jeder Flexibilität berauben, tragen seine Unterschrift.

Man lernt natürlich durch Erfahrung. Schmidt ist ja wirklich ein erstaunlicher Mann. Wir sprachen gestern – da war er hier – auch über Krankheiten. »Ach wissen Sie, Marion«, sagte er, »ich habe von meiner Krankheit nie gesprochen. Ich bin in einem Kanzler-Jahr zwanzig Mal in Ohnmacht gefallen und lag bewusstlos auf der Erde. Ich hatte damals den ersten von vier Herzschrittmachern. Ich habe nie darüber geredet, auch meine Leute wussten das nicht.« Das finde ich schon bewundernswert.

Das ist doch sehr preußisch.

Es gehört gar nicht hierher, ja …

Doch, denn dies gehört auch zum Preußentum: Schmerz zeigt man nicht. Der Indianer kennt keine Schmerzen.

Winnetou hatte keine Schmerzen.

Zurück zum Ausgangspunkt. Ist die Demokratie nicht in der Lage, Dinge auf den Weg zu bringen, von deren Vernunft alle überzeugt sind?

Kein System veranlasst von selbst, dass etwas in Ordnung kommt. Es sind die Menschen, die das bewirken müssen. Und unsere Menschen haben immerfort Angst – die einen vor der Gewerkschaft, die anderen vor der Industrie.

Man kann den alten Adam eben nicht ändern. Der Mensch ist so wie er ist. »Aus krummem Holz geschnitzt«, wie Kant sagt.

Der Mensch muss geändert werden, sonst ist ja alles umsonst.

Das haben schon viele versucht: der Sozialismus, der Nationalsozialismus, auf weniger drastische Weise Lee Kuan Yew in Singapur – ein aufgeklärter Despot …

Die Marktwirtschaft war wahrscheinlich am Anfang eine ganz edle Angelegenheit. Je mehr sie aber zu einer egoistischen Catch-as-catch-can-Veranstaltung ausartet, desto stärker wird die Gegenwehr der Gesellschaft ausfallen.

Den Bischöfen und Philosophen trauen Sie offenbar nicht viel zu.

Wir haben keine Philosophen mehr.

Nein?

Nee.

Welcher Philosoph hat Sie am meisten beeindruckt? Haben Sie Jaspers in Basel erlebt, oder war er zu Ihrer Zeit noch nicht dort?

Nein, aber wir haben später ziemlich viel korrespondiert. Ich fand Jaspers sehr eindrucksvoll. Hans Jonas hat mich auch beeindruckt, er war mir eine Art Vorbild.

Hatten Sie je mit den Frankfurtern zu tun? Mit Marcuse oder Adorno oder Horkheimer?

Die waren zu meiner Zeit auch da. Später hatte ich keinen Kontakt mehr mit ihnen.

Heidegger?

Habe ich leider nie gesehen. Es hätte mich sehr interessiert.

Oder Ernst Jünger, der nun kein Philosoph war, aber doch auch eine Haltung verkörperte. Wie standen Sie zu ihm?

Ich fand ihn furchtbar. Und erst seine »Marmorklippen«. Ich habe dies Buch nie als Widerstandsbuch verstanden, dazu war es inhaltlich viel zu dünn.

Habermas?

Habermas finde ich auch eindrucksvoll, doch der ist ja oft gar nicht zu verstehen.

Das ist das Schicksal vieler Philosophen …

Wie kamen wir jetzt auf die Philosophen?

Durch die Frage: Wer kann Werte festlegen, wer Moralvorstel-
lungen definieren?
Können sich die Geistigen, kann sich das Geistige überhaupt
durchsetzen gegen die materielle Wirklichkeit, in der wir alle be-
fangen sind?

Ich spüre an vielen Briefen, die ich erhalte, dass sich
etwas ändert, dass die Leute gleichgültiger werden gegenüber dem Materiellen, dass Gemeinsinn wieder
Konjunktur hat.

Es gibt in der Tat immer wieder Beispiele von großem Gemein-
sinn. Es gibt Vorbilder. Albert Schweitzer und Mutter Teresa wer-
den gerade von der Jugend genannt. Werte und Tugenden erle-
ben eine Renaissance. Gregor Gysi sagt, ausgerechnet er: Eine
gottlose Welt ist eine wertlose Welt.

Ich bin immer sehr für Gysi gewesen und habe nie die
Aufregung darüber teilen können, dass Berlin unter-
geht, wenn er Bürgermeister wird. Ich glaube, dass der
sehr viele Dinge den Menschen näher bringen könnte,
die ihm heute ganz fern sind.

Muss ein Kanzler Vorbild sein, moralisches Vorbild? Oder soll er
nur anständige Politik machen?

Ich glaube, er muss als menschliches Wesen untadelig
sein, ob Sie das nun Vorbild nennen oder sonst wie.

Was heißt untadelig?

Man darf von ihm nicht sagen können, der hat ja mal
gelogen, oder: Vor fünf Jahren hat er ein Bündel Geld-
scheine von einem Industrieboss genommen. Solches
darf nicht sein.

Einen Seitensprung würden Sie ihm verzeihen?

Ja, doch. Das ist nicht meine Angelegenheit, das ist auch nicht Angelegenheit des Staates.

Aber Sie würden verlangen, dass er das mit Anstand behandelt?

Mit Diskretion.

Also soll er heucheln dürfen? Oder muss er gar heucheln?

Nein, braucht er nicht. Aber er soll nicht, was ja manche tun, seine Anfälligkeit auch noch ausstellen.

Welche unserer sieben Kanzler waren für Sie Vorbilder?

Für mich? Ich habe eigentlich nie nach Vorbildern gesucht.

Nicht für Sie persönlich. Welche Politiker, welche Kanzler kann man der Jugend als Vorbilder vor Augen stellen?

Ich verstehe. Da kommt mir zunächst Theodor Heuss in den Sinn.

Der war kein Kanzler, sondern Bundespräsident. Aber unsere Präsidenten haben natürlich alle eine Art von Predigerberuf.

Sie waren aber eigentlich alle gut, bis auf diesen Dümmling Lübke.

Mit den Präsidenten hatten wir meistens Glück. Wie steht es um die Kanzler?

Ich finde, Willy Brandt war doch in all seiner inneren Gebrochenheit und vielleicht gerade deswegen so menschlich. Ich würde ihn nicht Vorbild nennen, das ginge zu weit. Aber ich würde sagen: Der war wirklich untadelig. Der Kniefall am Warschauer Ghetto-Denkmal war 1970 das Tüpfelchen auf dem »i«. Ich hätte mir keinen anderen Staatsmann der Welt vorstellen können, der das gemacht hätte.

Und wer war der größte. Wer hat am meisten für Deutschland geleistet?

Da wollen wir mal sehen. Ich glaube: Schmidt.

Nicht Adenauer?

Adenauer hat die ersten vier Jahre im Westen das Vertrauen in Deutschland wieder hergestellt. Das war eine große Tat von ihm. Danach passierte viel Unsinn. Aber ich habe den Adenauer besucht, da war er gerade sechs Wochen Kanzler. Mir hatte Eric Warburg, der mit all den wichtigen Amerikanern in Bonn befreundet war, erzählt, dass der US-Hochkommissar bereit wäre, die Demontage der deutschen Industriewerke zu beenden, wenn die Deutschen ihm drei große Dinge anböten. Nachdem ich das so beim Spazierengehen gehört hatte, habe ich mir gedacht, das muss ich dem Kanzler sagen, das ist ja unheimlich wichtig. So bin ich mit einem kleinen Aktendeckel nach Bonn zu Adenauer gefahren. Ich erklärte ihm, weswegen ich gekommen sei. Er sagte bloß sehr kurz angebunden: Da kann man ja nichts machen. – Warum denn nicht? – Nein, man kann nichts machen. – Sie sehen doch den McCloy alle drei Monate oder alle vier Wochen, das ist doch furchtbar einfach. – Nein, es geht nicht, denn – und dann kam die Begründung – seine Frau ist eine Zinsser und meine Frau ist auch eine Zinsser. – Und da habe ich gesagt, das ist doch ein wundervoller Anknüpfungspunkt. – Nein, da kann ich nichts machen. – Dann sagte ich, wozu wohl eine gewisse Naivität auch gehört: Gut, dann werde ich zum Führer der Opposition gehen. Das war Kurt Schumacher. In dem Moment, wo ich Schumacher sagte, da rief Adenauer durch eine offene Tür: »Blankenhorn!« Kam also sein außenpolitischer Berater Blankenhorn herein. Zu ihm sagte der Kanzler: Nun lesen Sie sich das mal durch, nehmen Sie das mal in die Hand. Und dann wurde es auch gemacht. Bonn bot drei Dinge an. Die Demontagen wurden gestoppt. Adenauer hat uns den Respekt der Welt wieder verschafft, er hat uns einen Großteil Souveränität wieder verschafft, er hat die Westpolitik gemacht.

Schmidt hat uns in die Normalität eingeübt. Er war der erste normale Kanzler.

Eigentlich ja.

Dann kam Kohl. Die Probleme, die wir heute haben, gesellschaftspolitisch, sozialpolitisch, hat er nicht gesehen.

Aber die Wiedervereinigungschance hat er richtig erkannt und genutzt.

Sie haben ja nicht nur die Bonner und Berliner Staatsmänner erlebt, sondern auch Mandela, Gandhi, Nehru, König Bhumiphol von Thailand. Wer hat Sie von dieser internationalen Riege am stärksten beeindruckt?

Das finde ich so schwer zu beantworten wie die Frage nach dem schönsten Buch oder dem besten Theaterstück. Aber ich fand den Südafrikaner schon unheimlich eindrucksvoll. Wenn man sich überlegt, was er alles hinter sich hatte: 23 Jahre Gefängnis! Und dann kommt er heraus und sagt: So, jetzt ist die Hauptsache, dass wir keine umgekehrte Apartheid machen. Das fand ich grandios.

Wer sonst noch? Nehru?

Nehru, natürlich. Ich war begeistert von Nehru.

Aber Indien hat er 30 Jahre zurückgeworfen durch seinen Sozialismus.

Ja, aber er hat doch auch die Möglichkeit geschaffen, ein Milliardenvolk zu Demokraten zu machen.

Den Thai-König kannten Sie?

Den Thai-König kannte ich. Mit dem habe ich im Mohnfeld gesessen. Das war paradox, denn er predigte doch immer gegen den Opiumanbau und den Opiumgenuss. Er fand, dass das Opium sein Volk ruinierte. Deswegen war es so komisch, dass jemand uns fotografierte, wie wir mitten im Mohnfeld saßen.

Wenn die Wirtschaft eine immer größere Rolle spielt – brauchen wir für sie eine besondere Moral?

Nein, aber einige Zusätze. Wir haben Jahrtausende mit den Zehn Geboten überlebt. Heute reichen zehn nicht mehr aus.

Welches Gebot müssten wir denn anfügen?

Wie man das formuliert, weiß ich nicht. Es geht um Mitverantwortung. Ich würde das Hauptgewicht heute wie immer schon auf Mitverantwortung legen. Mitverantwortung für das Ganze, für die Gemeinschaft, nicht nur für sich selber, für Produktion und Konsum, sondern eben für das Gemeinwesen. Also wenn ich darüber nachdenke: Als ich zur ZEIT kam, fand ich es von vornherein vollkommen selbstverständlich, dass man fürs Ganze verantwortlich ist. Ich habe immer irgendein Unternehmen gestartet. Das erste war »Barbara bittet«. Da fanden sich fünf Frauen zusammen und sagten: Wir müssen etwas für DDR-Flüchtlinge tun, nicht für die Millionenflut von Vertriebenen, sondern für Einzelne, die aus der DDR herauskamen. Und da haben wir immerhin bis zum Ende der DDR zwölf Millionen Mark gesammelt und noch einmal zwölf Millionen in Form von Kleidung und Schuhen.

Diese Art von karitativer Tätigkeit haben sie mit Ihrer Hilfe für Strafentlassene und mit ihren Stipendien für osteuropäische Studenten fortgesetzt. Gottlob gibt es in der Bundesrepublik viele solche Aktivitäten. Rund 22 Millionen Deutsche versehen irgendein Ehrenamt. Es scheint dies also doch noch zu geben: Dass man sich für diese oder jene kleinere Gemeinschaft engagiert, für diese oder jene gute Sache.

Das steigert sich. Jedes Jahr gibt es ein paar mehr. Rupert Neudecks »Cap Anamur« ist ein Ausdruck weit verbreiteter Hilfswilligkeit. Offenbar haben die Leute ein Bedürfnis zu helfen, etwas zu bewirken. Daher die Anziehungskraft des Ehrenamts.

Gleichzeitig gibt es die Spaßgesellschaft. Die Alternative zur Güte des Menschen ist immer das Böse. Darauf kommt's hinaus. Doch wenn man das Gute pflegt und das Schlechte ausrotten will, tut man auch viel Unrecht.

Kann der Staat dem Guten denn ein bisschen mehr auf die Sprünge helfen?

Der Staat kann gar nichts. Er kann natürlich die einen mit Steuern belasten und die anderen mit Zuschüssen bedenken, aber in Wahrheit spielt sich das Ganze doch als ein Naturprozess ab.

Wie kann man diesen Naturprozess beeinflussen?

Ich sage es noch einmal: Man muss das Bewusstsein der Menschen ändern. Alle müssen ihr Bewusstsein ändern.

Kann man auf das Bewusstsein Einfluss nehmen?

Das kann man nicht. Man muss natürlich möglichst laut schreien über Vergehen, damit die Leute gewarnt werden. Aber im Grunde muss man abwarten, bis den Leuten der bestehende Zustand unerträglich wird.

Welche Rolle spielt die Ehre noch in unserer Gesellschaft? Ehre – ist das ein Fremdwort geworden?

Mit der Ehre ist auch viel Missbrauch getrieben worden. Dadurch, dass man die Leute beim Portepee fasste, hat man sie ja auch zu vielen Untaten bringen können. Als ich die Glosse über den Spendenempfänger Helmut Kohl schrieb, habe ich das ja gesagt. Ich hätte gedacht, Ehre spiele überhaupt keine Rolle mehr. Ich schrieb damals: »Als Friedrich der Große an den Justizminister von Münchhausen das Ansinnen richtete, er solle ein bereits gefälltes Urteil umstoßen, schrieb dieser: ›Mein Kopf steht Eurer Majestät zur Verfügung, aber nicht mein Gewissen.‹ Und der Oberst von der Marwitz, der das sächsische Schloss Hubertusburg hatte plündern sollen, weil die Sachsen zuvor die wertvolle Antikensammlung des Königs in Berlin mutwillig zerschlagen hatten, quittierte den Dienst und ließ auf sein Grab schreiben: ›Wählte Ungnade, wo Gehorsam nicht Ehre brachte.‹ Wo aber wird denn Kohl etwas zugemutet, was seiner Ehre widerspricht? Zur Ehre gehört doch, wie es das Standesbewusstsein vorschrieb, dass der ›Ehrenmann‹ seine Pflicht tut. Und Kohls Pflicht ist es zweifellos, die Namen der anonymen Spender zu nennen. Fraglich ist allein, ob jemand überhaupt ein Ehrenmann sein kann, der jahrelang seine Pflicht verletzt und der Verfassung untreu wird, ein Parteichef, der sich systematisch über das von ihm zu hütende Parteiengesetz hinwegsetzt. Offenbar ist es umgekehrt. Helmut Kohl benutzt das Argument der Ehre, um seine Vergehen zu verbergen. Ist das nicht eher das Gegenteil eines Ehrenmannes?«

Dass man sich auch heute noch ganz gern auf Ehre beruft, das ist eigentlich erstaunlich.

Von den Älteren unter uns haben manche noch auf dem Koppelschloss die Inschrift getragen »Meine Ehre heißt Treue«. Sie sprechen in einem Ihrer Bücher von »Loyalität ohne Willfährigkeit«.

Dies ist eigentlich das Entscheidende: Dass man unter Ehre nicht bloß fraglose, blinde Loyalität versteht.

Sie zitieren gern ein wunderbares Bismarck-Wort: »Charakter ist Talent minus Eitelkeit«.

Das ist auch wahr. Ich mag keine eitlen Menschen. Arroganz finde ich etwas ganz Schlimmes. Sie ist wie ein Panzer, er lässt nichts durch.

Sie haben Ihre Maßstäbe immer beibehalten und auch mit in Ihr zweites Leben genommen, also in das Berufsleben nach dem Kriege, in die Zeitung.

Eigentlich ja. Und das ging ganz gut. Es ist nicht so, dass die alten Werte im neuen Leben keine Rolle spielten. So herrschte auf der ZEIT-Redaktion früher ein viel persönlicheres Klima als heute. Das Redaktions-Team ist allerdings auch sehr viel größer geworden. Auf jeden Fall muss die Grundlage etwas Metaphysisches sein. Mich hat als jungen Menschen ein Gedicht von Stefan George so beeindruckt, dass ich es noch heute auswendig weiß. Ich sag's mal schnell auf:

Wer einmal die flamme umschritt
Bleibe der flamme trabant
Wie er auch wandert und kreist
Wo noch ihr schein ihn erreicht
Irrt er zu weit nie vom ziel
Nur wenn sein blick sie verlor
Eigener schimmer ihn trügt
Fehlt ihm der mitte gesetz
Treibt er zerstiebend ins all

Ein schönes Gedicht. Dennoch hasse ich es. Diese Verse hat mir ein Jungbannführer der Adolf-Hitler-Schule nach dem Kriege als Widmung in einen Band nazistischer Gedichte geschrieben. Damit wollte er sagen: Kinder, ihr müsst dem Führer treu ergeben bleiben. Wer je die Flamme umschritt, bleibe der Flamme Trabant …

Nee, ich sehe das nicht so. Was ist, wenn es keine Flamme mehr gibt? Dann ist natürlich Catch-as-catch-can die Parole.

Also, ich lese das Gedicht ganz anders. Die Flamme, auf die ich als Jugendlicher eingeschworen wurde, war eben die von Adolf Nazi und nicht die Flamme des lieben Gottes oder Immanuel Kants.

Aber Adolf Nazi galt so viel wie der liebe Gott.

Deswegen möchte ich eigentlich gar keiner Flamme Trabant mehr sein …

Ich möchte die Flamme anständig definiert haben …

Der Wandervogel, Stefan George, der Rembrandt-Deutsche – waren das für Sie Begriffe?

Natürlich. Mit George hatte ich sonst nichts im Sinn, ich fand ihn sehr künstlich. Einige meiner Freunde waren sehr, sehr eng mit ihm verbunden – Michael Thomas und mein Doktorvater, der Baseler Edgar Salin, zum Beispiel. Und die Jungen in meiner Klasse waren alle entweder jugendbewegt, waren Wandervögel, oder hatten mit den Naturfreunden zu tun.

FKK oder Freikörperkultur, Nacktbaden also, gehörte das nicht dazu?

Nein, das gehörte nun wirklich nicht dazu.

Wenn das Metaphysische so bedeutsam ist, wie kann man es dann heute in unserer säkularisierten Welt den jungen Menschen beibringen?

Es ist das dialektische Gesetz, das die Geschichte bewegen wird. Je größer die Verführungen sind, nur Geld und Karriere zu machen, alles andere sein zu lassen, desto armseliger wird die Welt. Aber eines Tages werden die Leute sagen: So, nun wollen wir das Gegenteil.

Es handelt sich da freilich um eine Veränderung des Bewusstseins. Da ist jeder von uns gefordert. Wir alle müssen mitwirken. Diese Aufgabe der Bewusstseinsveränderung kann man nicht irgendjemandem zuschieben.

Nach dem Gesetz der Dialektik – These, Antithese, Synthese – wird sich unsere Gesellschaft auf einer neuen Ebene anders stabilisieren. Man wird wieder die alten Werte beachten, wird aber gleichwohl einiges von dem, was sich verändert hat, auch bewahren?

Ja, sicherlich. Sonst würde man ja immerfort rückwärts marschieren.

Öffentliches,
unveröffentlicht

Ansprachen in
Mikolajki – Nikolaiken

Mikolajki ist ein malerischer Ort im Masurischen. Früher hieß er Nikolaiken. Hier machte Marion Dönhoff Rast, als sie mit ihrer Cousine Sissi Lehndorff im Herbst 1941 von Allenstein nach Steinort ritt. In diesem Städtchen gibt es heute ein Gymnasium, dass seit 1994 den Namen Marion Dönhoffs trägt, die einzige polnische Schule, die nach einer Deutschen benannt wurde. Regelmäßig, am letzten Sonnabend im Mai, ist Marion Dönhoff zu den Abiturfeiern nach Mikolajki gefahren. Hier Reden, die sie seit Mai 1994 gehalten hat.

Gerechtigkeit üben, Toleranz praktizieren
(Mai 1994)

Es ist ein eigenartiges Gefühl, hier zu stehen und zu denken, dass diese Schule, in der junge Menschen für ihr Leben und hoffentlich zum Nutzen der Gemeinschaft erzogen werden, nun meinen Namen tragen wird.

Ich bewundere den Mut derjenigen, die diese Entscheidung getroffen haben. Als ich zum ersten Mal von dem bevorstehenden Entschluss gehört habe, war ich ganz erschrocken. Erschrocken über die große Ehre, aber auch über die Verantwortung, die dies bedeutet.

Ich denke, man sollte für eine so wichtige Sache wie die Bestimmung des Namens nicht den eines lebenden Menschen wählen (man weiß ja nicht, was der noch alles anstellen wird), sondern lieber auf Nummer Sicher gehen und einen Toten auf solche Weise zum Signum bestimmen. Aber der Mut der Entscheidungsträger war stärker als meine Bedenken.

So will ich einmal versuchen aufzuzeigen, wie ich meine, dass junge Menschen, die von hier aus ins Leben treten, ausgerichtet sein sollen. Zunächst muss man sich einmal das politisch-geistige Klima der Gesellschaft vergegenwärtigen, in die sie eintreten werden. Wir leben in einer Epoche unbegrenzter Freiheit, und wirtschaftlich gesehen in einem System, das als Marktsystem bezeichnet wird. Das heißt, es ist ein System, in dem der Wettstreit entscheidet, wer überlebt und wer nicht. Mit anderen Worten, der Motor des Marktsystems ist der Egoismus: Ich muss besser sein als der andere. Dies bedeutet, dass für jedermann die Versuchung, fünfe gerade sein zu lassen, sehr groß ist. Die Versuchung nämlich, es mit der Steuer, mit den Gesetzen, mit den Methoden gegenüber der Konkurrenz nicht so genau zu nehmen.

Für unser Thema – Wie müssen die jungen Menschen beschaffen sein, die in diese Gesellschaft eintreten? – bedeutet dies: Sie müssen sehr feste ethische Vorstellungen haben, denn eine Gesellschaft ohne Bindungen, ohne Spielregeln, ohne einen ethischen Minimalkonsens der Bürger kann auf die Dauer nicht überleben. Eine solche Gesellschaft wird einfach zerbröseln.

Und worin könnten solche ethischen Vorstellungen

bestehen? Voraussetzung, denke ich, ist das Wissen um eine höhere Macht, vor der jeder Einzelne Verantwortung trägt. Wenn es eine solche Überzeugung nicht gibt, dann wird der Mensch ein Opfer seiner Gier nach Macht, dann wird seine Überheblichkeit, seine Arroganz für alle unerträglich.

Und welche Eigenschaften muss der heranwachsende Staatsbürger besitzen und pflegen? Ich will hier keinen Verhaltenskatalog aufstellen, aber ich würde gern zwei Gesichtspunkte als besonders wichtig nennen: Gerechtigkeit zu üben und Toleranz zu praktizieren.

Toleranz heißt, nicht die eigene Meinung als die einzig gültige anzusehen, sondern sich immerzu zu fragen, ob nicht der andere vielleicht doch Recht hat. Und auch dies: Nicht jedes neue Konzept als Häresie, als Irrlehre zu betrachten, sondern es erst einmal zu prüfen.

Sehr wichtig – und auch dies gehört zum Kapitel »Toleranz« – ist die Achtung der Minderheitsmeinung. Der Maßstab, nach dem die Demokratie aufgebaut ist – nämlich: Die Mehrheit hat Recht –, darf nicht dahin missdeutet werden, dass die Minderheit kein Recht habe. Auch sie verdient Achtung.

Liebe Schüler, wir sind in ein neues Zeitalter eingetreten. Der Nationalstaat ist nicht mehr die oberste Instanz. Ihm gebührt zwar unsere Loyalität und Liebe, aber er ist Teil Europas; und es ist Europa, das wir bauen wollen – vergesst das nicht.

Versöhnung zwischen Polen und Deutschen
(Mai 1995)

Es erfüllt mich mit großer Freude und tiefer Dankbarkeit, dass diese Schule hier in Mikolajki meinen Namen trägt. Natürlich bin ich stolz auf diese persönliche Ehrung, aber vielleicht noch wichtiger ist mir diese Entscheidung als Zeichen der Versöhnung zwischen Polen und Deutschen – ich denke, vor ein paar Jahren wäre dies noch nicht möglich gewesen.

Wie viel Blut ist sinnlos vergossen worden, wie viele Städte wurden barbarisch zerstört! Für mich ist ein mahnendes Sinnbild das Schicksal zweier Menschen, eines Polen und eines Deutschen, an das ich hier erinnern möchte. Es handelt sich um den polnischen Dichter Tadeusz Roziewicz und den deutschen Schriftsteller Karl Dedecius, den besten Kenner polnischer Literatur, den wir in Deutschland haben. Beide sind im selben Jahr geboren, der Deutsche in Lodz, der Pole nicht weit davon.

Beide haben dieselbe Schulausbildung, sie haben die gleichen Texte gelesen, lernten, an die gleichen Ideale zu glauben. Aber 1939, just in dem Moment, in dem sie von der Schule angeblich in die Freiheit entlassen wurden, brach der Krieg aus, und die beiden wurden in verschiedene – in feindliche – Uniformen gesteckt.

Dedecius schreibt: »Unsere neuen Erfahrungen begannen für Roziewicz in den Partisanen-Wäldern an der Oder und Warte, für mich an der Wolga in Stalingrad. Eben waren wir noch Kinder gewesen, die im Sand der Wieluner-Ebene spielten, dann auf gleiche Weise nachdenkliche Halbwüchsige und an denselben Dingen des

Lebens interessierte Pennäler, da wurden wir übergangslos zu Feinden gemacht, die sich gegenseitig nach dem Leben zu trachten hatten.

Wir haben überlebt. Wir sind gerettet für die Verpflichtung zu neuem Anfang. Wir müssen versuchen, eine neue Offenheit zu finden, die unsere Errettung rechtfertigt.«

Wir haben des Kriegsendes am 8. Mai 1945 gedacht – ein Anlass, die fünfzig Jahre Frieden, die uns geschenkt waren, Revue passieren zu lassen. Es ist Mode geworden, verdrossen zu sein, zu jammern und allenthalben nur Katastrophen zu sehen. Das Positive, das auch geschieht, wird meist ausgeblendet. Dabei gibt es sehr viel Positives.

Erinnern wir uns doch: Noch vor wenigen Jahren war kein Ende der Eskalation abzusehen: Angst – Waffen, noch mehr Angst – noch mehr Waffen. Das war das Gesetz, das die Beziehungen von Ost und West prägte. Allein Amerika gab jedes Jahr 300 Milliarden Dollar für Rüstung aus, und in der Sowjetunion ist es zusammen mit den Warschauer-Pakt-Staaten wohl nicht weniger gewesen.

Inzwischen wird nicht mehr aufgerüstet, sondern partiell abgerüstet. Die Feindbilder, die die beiden Supermächte voneinander entwarfen und die immer erschreckender, immer hasserfüllter wurden, spielen keine Rolle mehr.

Ihr werdet es besser haben
(Mai 1996)

Ich frage mich: Was kann ich Euch, die Ihr heute die Schule verlasst, auf Euren Lebensweg mitgeben? Mein Leben hat sich in einem an Katastrophen reichen Jahrhundert abgespielt, wie es sich sicherlich nicht wiederholen wird: Zwei Weltkriege, der Holocaust und dann Hitler und Stalin. Ihr werdet es im neuen Jahrhundert besser haben.

Aber es wird auch von Euch abhängen, wie sich die Umstände gestalten. Denn die Umstände – positiv oder negativ – sind meist eine Reaktion auf die Taten der Bürger und deren geistige Einstellung. Insofern hat jeder Einzelne von uns eine große Verantwortung. Wir dürfen also nicht meinen, es genüge, wenn jeder für sich selbst sorgt, weil ja der Staat für das Ganze aufkommen muss – nein, wir alle sind für das Ganze verantwortlich. Vielleicht werden Sie fragen, was mir als geistige Einstellung für die Zukunft am wichtigsten erscheint. Ich denke, Ihr müsstet vor allem versuchen, tolerant zu sein. Gewiss, man könnte eine lange Liste aufstellen, aber wie lang sie auch sein mag, Toleranz muss jedenfalls ganz oben stehen, denn wer wirklich tolerant ist, der wird nicht in Hass verfallen, und darum auch nicht versucht sein, Gewalt zu üben.

Er wird die Meinung des anderen respektieren, auch wenn sie seiner eigenen widerspricht, er wird den Ausländer und den ethnisch Anderen nicht diskriminieren und er wird – und das ist sehr wichtig – keine neuen Feindbilder erfinden, mit denen der Gegner verunglimpft wird.

Liebe Freunde, wenn es Ihnen gelingt, wirklich tolerant zu sein, dann haben Sie viel für Ihr Vaterland geleistet.

Der Kommunismus ist zusammengebrochen, ein Weltreich hat sich ohne Revolution und ohne Blutvergießen aufgelöst. Heute sprechen auch die Großen nur noch von Partnerschaft, Versöhnung und von Frieden. Niemand predigt mehr Hass und Gewalt, im Gegenteil, alle denken darüber nach, wie man ein gemeinsames Sicherheitssystem aufbauen kann, und die Assoziierung von Polen, Ungarn, Tschechien und Slowakei an die Europäische Union ist als Vorstufe zum Beitritt bereits erfolgt.

Freunde, lasst uns nicht müde werden, sondern versuchen, diesen Prozess weiterzuführen und gemeinsam ein neues, wiedervereinigtes Europa aufzubauen. Es gibt eine gute Chance, dass es gelingt.

Die Grenzen der Freiheit
(Mai 1999)

Liebe Freunde,
wie schnell so ein Jahr vergeht! Sie sind die Ersten, die nun an der Wende zum dritten Jahrtausend – oder sagen wir es nicht ganz so dramatisch: an der Wende zum nächsten Jahrhundert – in die Freiheit entlassen werden. Sie werden zwar frei sein von der Schulbank und deren Verpflichtungen, aber was für eine Freiheit wird es sein, die Sie da vorfinden?

Polen gehört jetzt wieder zum Westen, sowohl politisch wie wirtschaftlich. Geschichtlich war es immer ein Teil Europas. Ihr Polen seid die Einzigen, die in einem langen Prozess sich selber vom sowjetischen System befreit haben. Darauf könnt Ihr sehr stolz sein.

In der heutigen westlichen Welt herrscht mancherorts die Vorstellung, die wahre Freiheit sei ohne Grenzen. Dies ist ein schlimmer Irrtum, dem Ihr nicht verfallen dürft, denn letzten Endes würde dies wieder zum autoritären Staat führen. Meine Freiheit muss dort ihre Grenzen finden, wo die Freiheit des anderen beginnt. Wenn ein jeder tut, was ihm gefällt, dann führt das zum Chaos und schließlich zum Ruf nach dem starken Mann, der alles wieder in Ordnung bringen soll.

Freiheit muss begrenzt sein durch ethische und moralische Prinzipien, weil eine Gesellschaft auf Dauer nur dann bestehen kann, wenn es bestimme Spielregeln und Normen gibt, an die sich alle halten; Normen, die nicht nur von den Erfordernissen des politischen Alltags bestimmt sind, sondern die im religiösen und philosophischen Bereich wurzeln.

Bei aller Verschiedenheit der geschichtlichen und kulturellen Epochen geht doch durch alle Zeiten die Erkenntnis, dass es etwas gibt, »das höher ist als alle Vernunft«. Von Konfuzius über die christlichen Evangelisten und die Philosophen des Mittelalters bis zu Kant wussten sie alle: Der Mensch ist nicht die letzte Instanz – es gibt eine Macht über ihm.

In ihrem Fortschrittstaumel und ihrer Sucht nach Reichtum meinen heute viele Leute, jene Werte seien inzwischen veraltet und man brauche sie nicht mehr beachten. Aber solche Arroganz rächt sich. Sie dürfen ihr nicht verfallen, auch wenn die Versuchung groß ist,

Geld für das Wichtigste im Leben zu halten. Sie müssen eingedenk sein Ihrer Verantwortung als Bürger der Gemeinschaft und dem Staat gegenüber.

Geld ist nicht das Wichtigste
(Mai 2001)

Die Zeit, die hinter Euch liegt, war einigermaßen berechenbar. Wenn ein Schüler die Schule verließ, um ins Leben zu treten, dann wusste er, wie das Leben beschaffen ist, auch wenn er den Platz noch nicht kannte, den er darin einnehmen würde.

Die Jahrgänge, die früher die Schule verließen, wählten einen Beruf, erlernten das, was dazu gehört, und übten ihn dann – wenn sie Glück hatten – jahrelang, vielleicht ein ganzes Leben lang aus. Heute wissen wir alle miteinander nicht, wie die Welt in zehn Jahren aussehen wird.

Die Computer, gerade erst als umwerfende Neuerung bestaunt, sind morgen vielleicht schon veraltet. Das Internet, das seit kurzem unser Dasein beherrscht und die Welt verändert hat, wird in zehn Jahren längst von irgendeiner neuen Magie überholt sein.

Neulich traf ich einen jungen Bekannten, der mir erzählte, dass er sich selbständig gemacht hat und zusammen mit zwei Gleichaltrigen ein Business betreibt. »Wo ist es denn angesiedelt? Wo residiert Ihr?«, fragte ich. Antwort: »Wir haben keinen festen Platz. Jeder lebt an seinem Ort. Ich in Hamburg, der Zweite in München und der Dritte in Köln.« – »Und wie kann man ein Geschäft betreiben, wenn man nicht gemeinsam beraten und Entscheidungen treffen kann?« – »Doch, das tun wir ja, mit Hilfe des Internets und des Videorekorders. Da können wir alles besprechen und entscheiden, so als säßen wir zu dritt an einem Tisch.«

Ich habe ein langes Leben hinter mir, habe mich mit ganz verschiedenen Dingen beschäftigt: Landwirtschaft, Journalistik, elektronische Informatik, Biotechnologie, aber wie es weitergehen wird, weiß ich auch nicht. Ich kann Euch nur einen Rat geben: Seid aufgeschlossen für alles. Glaubt nicht den Leuten, die ein angeblich unfehlbares System anpreisen. Seid neugierig, beweglich, engagiert, aber auch kritisch. Denkt nicht nur an das eigene Leben, denn jeder von uns ist für das Ganze mit verantwortlich. Die Gesellschaft kann nicht besser sein als die Summe ihrer Bürger.

Und noch etwas: Geld ist wichtig, aber es ist nicht das Wichtigste. Worauf es ankommt, ist, Freude an seinem Beruf, an dem, was man tut, zu haben, denn nur dann wird man etwas leisten.

Reden

Liberal sein und weltoffen

Seit November 1989 trägt das Gymnasium Lahnstein den Namen von Gräfin Dönhoff – als dritte Schule nach dem Gymnasium in Mikolajki und der Marion-Dönhoff-Realschule in Brühl-Ketsch/Baden. In der Begründung für die Namensgebung heißt es: »Marion Dönhoff hat sich stets in besonderer Weise der jüngeren Generation verbunden gefühlt und Sympathie gerade auch für die aufbegehrende Jugend aufgebracht. Dieses Zugeständnis endet jedoch stets dort, wo die Anwendung von Gewalt die intellektuelle Auseinandersetzung ablöst.« Am 7. April 2000 wurde in Lahnstein die Namensgebung gefeiert.

Es ist ein seltsames Gefühl, über dem Eingang einer Schule meinen Namen geschrieben zu sehen – und zwar nicht irgendeiner Schule, sondern einer, die sich der Zeitenwende sehr bewusst ist und die Schüler auf das vorbereiten möchte, was uns erwartet.

Diese Schule steht für das Überwinden von Grenzen und für Verantwortung; sie kümmert sich um begabte Schüler, die als Aussiedler mit ihren Familien nach Deutschland gekommen sind; sie unterstützt konkrete Hilfsprogramme, beispielsweise Straßenkinder in Tansania, und hat eine Partnerschaft mit Burkina Faso.

Ich habe den größten Teil des Jahrhunderts, das jetzt hinter uns liegt, miterlebt. Es gab kein zweites, das so reich an Katastrophen war: zwei Weltkriege, Stalin, Hitler, der Holocaust, Hiroshima. Ihr werdet es besser haben, davon bin ich überzeugt.

Wir leben heute in einer Epoche unbegrenzter Freiheit im Rahmen des marktwirtschaftlichen Systems, in dem der Wettstreit darüber entscheidet, wer überlebt. Der Motor des Wettstreits ist aber der Egoismus, und darum ist für jedermann die Versuchung, fünfe gerade sein zu lassen, sehr groß. Die Versuchung nämlich, es mit der Steuer, mit den Gesetzen, mit den Methoden gegenüber der Konkurrenz nicht so genau zu nehmen.

Wie wünsche ich mir denn in einer solchen Zeit die Schüler dieser Schule? Ich würde mir wünschen, dass sie bereit sind, Verantwortung für die Gemeinschaft zu übernehmen, also nicht nur ans eigene Geldverdienen zu denken und zu meinen, für den Rest solle der Staat aufkommen.

Und ich hoffe, dass Sie Toleranz ganz wichtig nehmen, denn nur wer tolerant ist, verfällt nicht in Arroganz und Überheblichkeit, sondern prüft des anderen Meinung, auch wenn er zunächst meint, die seine sei die einzig richtige.

Und ich hoffe, dass Sie liberal sein werden und weltoffen. Der Bürger soll offen sein für Veränderungen, denn Geschichte ist ein Prozess und kein Zustand. Und er soll, was ihm fremd erscheint, nicht als Häresie verdammen. Wer Liberalität bewusst praktiziert, wird nicht dem Ideologen glauben, der sein System als Schlüssel zu Glück und Gerechtigkeit anpreist. Ich hoffe sehr, dass eine Kooperation – eine Art Brüderschaft –

zwischen der Schule in Mikolajki und der Schule in Lahnstein zu Stande kommen wird. Euch und den Lehrern wünsche ich Freude an der Arbeit, Glück und Erfolg.

Auf jeden Einzelnen kommt es an

Im August 1996 erhielt Marion Dönhoff den mit 20 000 Mark dotierten Erich-Kästner-Preis vom Presseclub Dresden. Sie gelte als »konsequente Demokratin und Mitbegründerin eines neuen aufklärerischen Journalismus«, hieß es in der Begründung. Vor ihr erhielten den Preis Ignatz Bubis, Vorsitzender des Zentralrates der Juden in Deutschland, und Frank Richter, Pfarrer in Dresden. Das Preisgeld kam dem Marion-Dönhoff-Gymnasium in Mikolajki zugute und dem Verein Treberhilfe, der sich der Dresdener Straßenkinder annimmt.

Während der Hitlerzeit haben wir uns nach dem Rechtsstaat gesehnt, nach Freiheit und Gerechtigkeit. Hier, in Dresden, diesem Teil Deutschlands, hat man noch vierzig Jahre länger auf diese Segnungen warten müssen. Aber schließlich war es eines Tages für uns alle so weit.

Doch nun entdecken wir, dass zwar die Voraussetzungen gegeben sind: Rechtsstaat, Gewaltenteilung, Pluralismus, aber dass die Gesellschaft keineswegs so ist, wie wir sie uns gewünscht haben und wie wir sie auch nach dem Ende der totalitären Regime für selbstverständlich hielten.

Warum ist das so? Was fehlt denn? Worauf haben wir all die Zeit gewartet? Antwort: Auf die *civil society*, eine zivilisierte Gesellschaft also. Aber was wir bekamen, ist eine reine Konsumgesellschaft, manche sagen, eine Raff-Gesellschaft.

Ich glaube, wir müssen uns über eins klar sein: Liberalität und Toleranz, die Vorbedingungen der *civil society*, sind dem Menschen nicht von Natur aus angeboren, sie müssen erst dazu erzogen werden, durch Elternhaus, Schule und Gesellschaft. Die Eigenschaften Liberalismus und Toleranz wie auch die Bürgergesellschaft sind ein Ergebnis der Zivilisation. Erst die Aufklärung, der Ausbruch aus der, wie Kant sagte, »selbstverschuldeten Unmündigkeit«, hat die Voraussetzungen für die Bürgergesellschaft geschaffen.

Rule of law, Gewaltenteilung, Pluralismus und Offenheit sind zwar Voraussetzungen, aber sie allein genügen nicht. Es kommt darauf an, was die Bürger daraus machen. Es kommt auf ihre Gesinnung an, auf ihr Verhalten und darauf, wie sie ihre Prioritäten setzen. Also: Nicht nur die Regierungen tragen die Verantwortung – nein, jeder einzelne Bürger ist für das Ganze mitverantwortlich.

Die Gesinnung der Bürger, das Klima in der Gesellschaft, hat sich in den verschiedenen Epochen immer wieder gewandelt. Im 18. und frühen 19. Jahrhundert war Europa – ganz Europa – ein geistiger Raum, zu dem selbstverständlich St. Petersburg, Krakau und Prag eben gehörten wie Rom oder Paris. Die Schriftsteller, Philosophen, Künstler, Wissenschaftler kannten einander damals, die Werte des jeweils anderen, besuchten einander. Später waren Albert Einstein, Karl Marx und Sigmund Freud, jene Männer, die die Welt veränderten, hier beheimatet.

In der zweiten Hälfte des 19. Jahrhunderts stehen Wissenschaft, Technik und die großen Erfindungen im Vordergrund. Und nun, in unserer Zeit, nach den beiden Weltkriegen, die so viel zerstört haben, sind es wirtschaftliche Interessen, auf die der Ehrgeiz gerichtet ist: Handel, Bruttosozialprodukt, Produktion und vor allem Geld. Deutschland ist von einer Kulturnation zu einer Konsumnation geworden.

Noch einmal die Frage: Warum ist unsere Gesellschaft so unbefriedigend, obgleich heute alles, was einen Rechtsstaat ausmacht, gewährleistet ist? Warum treten die Leute aus der Kirche aus? Warum verlieren Parteien und Gewerkschaften angestammte Mitglieder? Warum schimpfen die Bürger auf die Politiker und die Politiker auf die Medien? Kurz gesagt: Warum so viel Frust, wo es doch den meisten so gut geht wie nie zuvor?

Natürlich gibt es eine ganze Reihe von Gründen. Wir stehen zweifellos an einer Zeitenwende, die durch Globalismus, Computertechnologie und elektronische Informationspraktiken gekennzeichnet ist und die wahrscheinlich größere gesellschaftspolitische Veränderungen verursachen wird als seinerzeit das Hereinbrechen des technisch-wissenschaftlichen Zeitalters.

Wir sehen also einer Zeit neuer Ungewissheiten entgegen, und das macht Angst. Im Übrigen: Was soll werden, wenn die Arbeitslosigkeit unaufhaltsam wächst, wenn Betriebe nur rentabel werden, indem sie Arbeiter entlassen, Städte nur saniert werden können, wenn sie Angestellte auf die Straße setzen? Ferner die quälende Frage: Was wird aus Russland werden – drohen neue Gefahren im Osten?

Aber schließlich, konkrete Probleme hat es immer gegeben. Allerdings gibt es heute noch etwas anderes, etwas Unwägbares, ganz und gar Unkonkretes, was die Menschen bedrückt, oft ohne, dass sie sich darüber Rechenschaft abgeben: Alles Metaphysische, jeder transzendente Bezug ist ausgeblendet, das Interesse gilt ausschließlich dem wirtschaftlichen Bereich: Produzieren, Konsumieren, Geldverdienen. Eine Zeit lang war das ganz schön, aber nun spüren plötzlich viele: Dies kann doch nicht der Sinn des Lebens sein.

Allen großen Umbrüchen in der Geschichte sind philosophische Erkenntnisse vorausgegangen. Ohne Montesquieus Ideen ist die Französische Revolution nicht denkbar, und die amerikanische Unabhängigkeitserklärung auch nicht. Unser Zeitalter dagegen hat keine geistigen Voraussetzungen. Es gab nur Ideologien, und die sind auch noch pervertiert worden: die Konservative durch Hitler, der alle Wertvorstellungen der Rechten *ad absurdum* geführt hat, und die der Linken durch Stalins Pervertierung des Sozialismus. Was übrig blieb, ist die Marktwirtschaft.

Als Wirtschaftssystem ist die Marktwirtschaft unübertroffen. Für eine Sinngebung hingegen reicht sie wirklich nicht aus. Die Marktwirtschaft beansprucht den Menschen ganz und duldet keine Götter neben sich. Sie ist sehr possessiv. Ihr Wesen ist der Wettstreit und ihr Motor der Egoismus: Ich muss besser sein, mehr produzieren, mehr verdienen als die anderen, sonst kann ich nicht überleben. Die Konzentration auf dieses Prinzip hat dazu geführt, dass alles Geistige, Kulturelle immer mehr an den Rand gedrängt wird und schließlich in Vergessenheit gerät.

Dieser Zustand ist im Wesentlichen auf das Zusammenwirken von Säkularisierung und Kapitalismus zurückzuführen. Es wäre grundverkehrt, nun zu meinen, man könne die Säkularisierung rückgängig machen – das ist unmöglich. In den letzten 2000 Jahren ist die Religion schon mehrfach abgeschafft worden, das letzte Mal zugunsten der Vernunft während der Aufklärung. Doch in Notzeiten haben die Menschen sich ihrer dann erinnert und ihr den legitimen Platz wieder eingeräumt.

Und was den Kapitalismus und die Marktwirtschaft angeht, so muss man sie unter allen Umständen erhalten und nicht abschaffen wollen – sie müssen nur sozusagen zivilisiert werden. Grenzen müssen gesetzt werden – Freiheit ohne ethische Selbstbeschränkung, entfesselte Freiheit also, endet zwangsläufig auf wirtschaftlichem Gebiet in einem Catch-as-catch-can und schließlich in dem Ruf nach einem »starken Mann«.

Im Osten, wo man dies – am deutlichsten natürlich in Russland – beobachten kann, zeigt es sich, dass es unsinnig ist, im Kopfsprung aus einer gelenkten Wirtschaft in die freie Marktwirtschaft zu springen, und aus einer autoritären Gesellschaft in eine *permissive society*. Notwendig ist, dass zuvor gewisse politische Strukturen gesetzt werden. Sonst ist die Folge, wie in Russland, das Überhandnehmen der Mafia, denn die Rücksichtslosen, die Schlitzohren und die potentiellen Verbrecher, das sind diejenigen, die sich als Erste bedenkenlos bedienen.

Aber nicht nur im Osten, auch im Westen sehen wir die Folgen einer Lebensweise, die nur auf den Eigennutz gestellt ist, ohne Verantwortung für das Ganze. Die Entfesselung aller Begierden ist dann unvermeidlich:

Nie zuvor hat es so viel Korruption bis in die höchsten Kreise gegeben, überall in Europa werden Minister wegen Korruption aus den Kabinetten entlassen, in Italien wurde ein Ministerpräsident zu 25 Jahren Haft verurteilt, und in Deutschland wird gegen 2500 Ärzte wegen Bestechung ermittelt. Der Oberstaatsanwalt von Frankfurt am Main erklärte kürzlich, dass in seinem Amtsbezirk seit 1987 gegen 1500 Manager und höhere Beamte (meist solche, die für die Erteilung von Genehmigungen zuständig sind) wegen Bestechung ermittelt wurde.

Das normale Rechtsempfinden, das Gefühl für das, was man tut und nicht tut, ist durch das Fehlen ethischer Grundsätze und moralischer Barrieren so verkümmert, dass man sich fragen muss: Kann eine Gesellschaft unter solchen Umständen überhaupt existieren?

Zu allen Zeiten hat es stets jenseits des Sachlich-Positivistischen etwas gegeben, was die Gesellschaft zusammenhält: in den Traditionen, der Religion, dem Bewusstsein gemeinsamer Kultur. In jedem Fall gab es immer etwas Gemeinsames, das Spielregeln und Verhaltensnormen schaffte, denn ohne sie kann eine Gesellschaft nicht überleben.

Ohne einen ethischen Minimalkonsens wird auch die Brutalisierung des Alltags immer weiter zunehmen; schon heute vergeht kein Tag, an dem die Zeitungen nicht berichten, dass jemand erschossen worden ist, weil er irgendjemandem im Wege stand. Oder dass Kinder einen Obdachlosen töteten, nur um mal zu sehen, wie das ist, oder Halbwüchsige einen Farbigen erschlagen, weil er angeblich hier nichts zu suchen hat.

Dass es so nicht weitergehen kann, ist klar. Die Frage

ist nur: Auf welche Weise können ethische Werte wieder inthronisiert werden? Autorität hilft da wenig und Verordnungen auch nicht. Gibt es überhaupt noch ein potentielles Reservoir an Gemeinschaftsgefühl, das wieder aktiviert werden könnte?

Ich meine, jene Lichterketten, die Millionen von Bürgern bildeten, um gegen die Ausländerfeindlichkeit zu demonstrieren, beweisen, dass Solidarität sehr wohl aktiviert werden kann. Und auch das immer wieder laut werdende Verlangen nach Partizipation, nach mehr Teilnahme an politischen Entscheidungen, macht dies deutlich.

Eines allerdings muss man wissen: Es gibt kein System, das eingeführt, keine Aktion, die gestartet werden könnte, um eine solche Bewusstseinsänderung hervorzubringen. Dies ist eine Sache, die nur der einzelne Bürger zu Wege bringen kann.

Wirklich, es kommt auf jeden Einzelnen von uns an.

Herrschaft erträglich machen

Im Sommer 1996 wurde in der Central European University in Prag ein Seminar über die Chancen des Liberalismus nach der Wende abgehalten. Die Postgraduierten-Hochschule, eine Gründung des amerikanischen Finanziers und Mäzens George Soros, verlegte ihren Sitz wenig später nach Budapest.

Es hatte alles so schön begonnen: Durch die Aufklärung waren die Voraussetzungen für den Liberalismus geschaffen worden. Dem Wirken des Liberalismus wiederum verdanken wir den Rechtsstaat *(the rule of law)*, also die Bürgerrechte wie die Befreiung von der Vormundschaft der Kirche und der absoluten Herrschaft staatlicher Obrigkeit.

Wie ist es möglich, dass nun ausgerechnet der Liberalismus die Solidarität in der Gesellschaft gefährdet? Die Antwort lautet: Weil die Menschen der Verlockung von Wohlstand und Macht nicht zu widerstehen vermögen. Die meisten begreifen nicht, dass zur wirklichen Freiheit Selbstbeschränkung gehört, denn die entfesselte Freiheit führt zwangsläufig zu deren Antithese, einem autoritären Staat.

Doch zunächst ein paar Gedanken zum Wesen des Liberalismus und der Liberalen. Den Liberalen geht es darum, Herrschaft erträglich zu machen, nicht den Ideologen zu glauben, die ihr System als Schlüssel zu Glück und Gerechtigkeit anpreisen. Ich meine, die Liberalen müssen ihre Aufgabe darin sehen, im politischen Raum stets kontrapunktisch zu wirken.

Das heißt, wenn Pragmatismus in Opportunismus ausartet, an ethische Prinzipien erinnern, und wenn Träumereien als konkrete Rezepte empfohlen oder Interessen als Ideale ausgegeben werden, dann auf die Realität und das Machbare hinweisen. Man könnte auch so definieren: Wenn die Atmosphäre emotional aufgeheizt ist, dann dämpfen. Wenn dagegen die Leute zu resignieren drohen, dann Argumente finden, die sie inspirieren.

Für den Liberalen gibt es kein System, das einen befriedigenden Endzustand garantiert. Er glaubt nicht an Heilsbotschaften irgendwelcher Art, auch die eigene Position muss er immer wieder in Frage stellen, um die Gesellschaft für Veränderungen offen zu halten, denn erstarrte Macht- und Besitzverhältnisse blockieren die Freiheit.

Die liberale Zeitung DIE ZEIT hat da Erfahrungen sammeln können. Als wir seinerzeit versuchten, bei den Professoren Verständnis für die revolutionären 68er-Studenten zu wecken, wurden wir von den Rechten als Anarchisten beschimpft, und als wir später gegen die Anwendung von Gewalt durch die Studenten auftraten, nannten uns die Linken reaktionär. Ich habe daraus gelernt, dass der legitime Platz des Liberalen zwischen allen Stühlen ist.

Was ist das wichtigste Ziel des Liberalismus? Sein wichtigstes Ziel ist, für Toleranz zu sorgen. Dies bedeutet:

Abweichende Ideen dürfen nicht als Häresie abgestempelt, Kritik am Bestehenden darf nicht als Ketzerei verfolgt werden.

Über dem Recht der Mehrheit darf der Schutz der Minderheit nicht vergessen werden.

Es muss die Behauptung, angesichts von hohen Zielen spiele die Wahl der Mittel keine Rolle, immer wieder als sträflicher Irrtum entlarvt werden.

Zum Liberalismus nach 1989. Damals, Anfang der neunziger Jahre, hörte ich, dass der Harvard-Professor Jeffrey Sachs, ein uneingeschränkt begeisterter Verkünder der freien Marktwirtschaft, nach Polen gehen würde, um dort die Wirtschaftsreform einzuführen.

Ich hatte ernsthafte Befürchtungen, denn ich konnte mir vorstellen, dass er als Amerikaner keine Ahnung von Osteuropa hat. Darum schlug ich der ZEIT vor, Jeffrey Sachs zu einem Gespräch nach Hamburg einzuladen. Er kam, wir waren etwa zehn Leute, darunter Helmut Schmidt und Kollegen aus der Wirtschaftsredaktion. Da der Vorschlag von mir stammte, sollte ich die Diskussion leiten.

Ich sagte, ich könne mir nicht vorstellen, dass man, ohne zuvor gewisse Strukturen gesetzt zu haben, im Kopfsprung aus einer gelenkten Wirtschaft in die Marktwirtschaft und aus einer autoritären Gesellschaft in eine *permissive society* springen könne. Darauf Jeffrey Sachs: »Was Sie da sagen, ist absolut falsch. Es kommt nur auf zwei Voraussetzungen an: Privateigentum zu schaffen und die Preise freizugeben. Alles andere macht der Markt.«

Nun, die Polen sind schlaue Leute, sie machten ihre eigene Wirtschaftsreform und empfahlen Jeffrey Sachs, nach Russland zu gehen, wo er dann mit seinen Theorien der Mafia ungeahnten Auftrieb gegeben hat. Denn das ist doch wohl klar: Die Chancen, die sich bei einer solch überstürzten Veränderung ergeben, die werden vor allem von den Bedenkenlosen und den potentiellen Kriminellen ausgenutzt.

Kann man wirklich dem Markt alles überlassen? Kann der Markt soziale Gerechtigkeit schaffen und Chancengleichheit? Kann er ein Gleichgewicht herstellen zwischen der Leistung des Bürgers einerseits und seinen Bedürfnissen andererseits? Der Staat ist in gewissen Bereichen unentbehrlich. Er organisiert Bildung, unterstützt Forschung, bekämpft Arbeitslosigkeit, sorgt für Obdachlose. Das kann der Markt nicht.

Die Marktwirtschaft, die im wirtschaftlichen Bereich den politischen Maximen des demokratischen Systems entspricht, ist sicher das denkbar effizienteste Wirtschaftssystem. Wenn man aber nicht versucht, sie in bestimmte Rahmenbedingungen einzupassen – wie Ludwig Erhards soziale Marktwirtschaft –, dann entsteht eine Gesellschaft, bei der die Reichen immer reicher, die Armen immer ärmer werden.

Wir verdanken dem Liberalismus den Rechtsstaat, also die Bürgerrechte, aber seinem Wesen entsprechend betont der Liberalismus den Individualismus sehr viel stärker als die Gemeinschaft und die Rechte sehr viel mehr als die Pflichten. Eben darum müssen Strukturen gesetzt werden, mit denen der fehlende Gemeinsinn institutionalisiert wird.

Bei der Marktwirtschaft, die ja auf dem System des Wettbewerbs beruht, kommt alles darauf an, besser zu sein, mehr zu verdienen als die Konkurrenten. Mit anderen Worten: Der Motor dieses Systems ist der Eigennutz. Ein Eigennutz, der vor Brutalität nicht zurückschreckt und der Korruption bedenkenlos in Kauf nimmt, auch wenn sie mancherorts bis hinauf in die Kabinette reicht. Keiner fühlt sich verantwortlich, jeder denkt zuerst an sich, für das Allgemeinwohl soll gefälligst der Staat sorgen.

Eine Ethik der Verantwortung ist heute noch viel notwendiger als früher. Der Philosoph Hans Jonas sagte einmal: »Früher mögen die Zehn Gebote als Orientierungshilfe ausgereicht haben, aber im Zeitalter des Globalismus und in Anbetracht des Zerstörungspotentials, über das der Mensch verfügt, sowie angesichts des technischen Fortschritts, der es möglich macht, Gene zu verändern, vielleicht einen neuen Menschen zu kreieren, müssen wir eine Ethik entwickeln, die uns bewusst werden lässt, wie groß unsere Verantwortung ist.«

Jede Gesellschaft braucht Bindungen. Ohne Spielregeln, ohne Traditionen, ohne einen Konsens für Verhaltensnormen kann kein Gemeinwesen bestehen. Eine Gesellschaft, die sich nicht über einen ethischen Minimalkonsens einig ist, wird auf die Dauer keinen Bestand haben. Und eine Marktwirtschaft, die nicht ganz bestimmte moralische Maximen anerkennt, wird zwangsläufig zu einem Catch-as-catch-can entarten und vielleicht eines Tages so zusammenbrechen wie vor kurzem das sozialistische System.

Die Lösung kann nicht sein, die Säkularisierung zurückzudrehen; das ist nicht möglich. Es muss aber möglich sein, sich erstens auf einen ethischen Minimalkonsens zu verständigen und zweitens die Bürger dazu zu bringen, mehr Verantwortung zu übernehmen.

Nur wenn diese beiden Prämissen erfüllt sind, hat der Liberalismus die Perspektive, nicht nur zu überleben, sondern die Gesellschaft humaner zu gestalten, als sie heute ist, wo sich alles nur auf das Geldverdienen konzentriert und alles Geistige, Künstlerische an den Rand gedrängt wird.

In Amerika gibt es seit einigen Jahren eine Bewegung, deren Mitglieder sich *communitarians* (Gemeinschaftler) nennen. Ihr gehören vorwiegend Intellektuelle an: Akademiker, Sozialwissenschaftler, Philosophen. Sie propagieren, durch Partizipation das Verantwortungsgefühl der Bürger für die Gemeinschaft wiederzubeleben; den Markt, der seinen »ethischen Unterbau« verloren hat, wieder in einen moralischen und sozialen Kontext zu stellen; also dem Konsum-Kapitalismus ein Wertesystem entgegenzusetzen.

Außerdem treten sie für das Subsidiaritätsprinzip ein – also dafür, nicht mehr das an den Staat zu delegieren, was in der Familie und auf lokaler Ebene getan werden kann. Auf diese Weise, so hoffen sie, werden die Bürger das Gemeinwesen als »ihren« Staat anerkennen, sich sozusagen in ihm wiedererkennen. Die *communitarians* haben in Amerika bereits ein Netz solcher Organisationen aufgebaut.

Wir werden auch in Europa, und zwar in West und Ost, etwas tun müssen, um die Fehlentwicklung – Korruption, Brutalität und Mangel an Verantwortungsgefühl – einzudämmen. Vielleicht könnte das amerikanische Beispiel uns hier als Vorbild dienen.

Die Ostsee lebt

Im schwedischen Karlskrona erhielt Marion Dönhoff im September 1998 den Pax-Baltica-Preis in »Anerkennung ihres Engagements für Frieden und Aussöhnung im Ostseeraum«.

Es ist eine große Ehre, dass Sie mir den Preis mit dem schönen Namen »Pax Baltica« zuerkennen. Neben der Ehre ist es auch eine Riesenfreude, weil dieser Ostseeraum meine wirkliche Heimat ist: Das Herz geht mir jedes Mal auf, wenn ich über die Weichsel fahre und den östlichen Himmel, das Licht, die großen Wälder und Seen wiedersehe.

Meere trennen, aber Meere verbinden auch. Der Ostseeraum ist durch die Hanse vor 600 Jahren in der Geschichte Europas zu einem wichtigen Wirtschaftsraum geworden. Über Jahrhunderte hat diese Zone als einheitlicher Handels- und Kulturraum eine herausragende Rolle gespielt.

In unserem Jahrhundert war dieses Gebiet durch zwei Weltkriege, den Eisernen Vorhang und Kalten Krieg zu einer toten Region geworden. Jetzt wird der Ostseeraum, zu dem zehn angrenzende Länder sowie Island gehören, wieder eine aktive Region.

In diesem Jahr trafen sich 106 Hansestädte aus elf Ländern in Visby auf Gotland zur Beratung. Der Ostseerat, der das höchste Gremium für diese Gruppe darstellt, ist 1992 mit Sitz in Stockholm gegründet worden; die Außenminister oder Regierungschefs treffen sich jedes Jahr einmal, um über die Möglichkeiten engerer Zusammenarbeit zu beraten.

Für viele Europäer, selbst für viele in den beteiligten Ländern, hat sich die Kooperation, die längst im Gange ist, vollzogen, ohne dass sie dies wirklich realisiert haben. Um nur ein paar Stichworte zu nennen:

Da haben sich 41 Handelskammern zusammengeschlossen zur Baltic Chambers Organization, die ständige Arbeitsausschüsse unterhält.

Da gibt es eine Sommeruniversität, zu der jedes der elf Länder fünf ausgesucht erstklassige junge Leute schickt, die vierzehn Tage zusammenbleiben; in diesem Jahr geschieht dies zum siebten Mal.

Da ist ferner die Ars Baltica, die als allererste Institution gegründet wurde, um Konzerte und Kulturtreffen zu veranstalten; sie geht zurück auf Björn Engholm, den damaligen Ministerpräsidenten von Schleswig-Holstein, der die Ostsee »das Mittelmeer des Nordens« nannte und der bereits 1987 durch kulturelle Annäherung die Tatsache zu überspielen suchte, dass die Blockbildung jede politische oder wirtschaftliche Annäherung verhinderte.

Inzwischen ist ein dichtes Netzwerk mit über 70 Organisationen entstanden, das die Anrainer miteinander verbindet. Heute verkehren über 60 reguläre Schifffahrts-Linien über die Ostsee.

Mehr als 100 Universitäten, Akademien und Institute treiben in diesem Ostseeraum ganz bewusst eine systematische Integrationspolitik.

Ich denke, es besteht Aussicht, dass der Ostseeraum in Zukunft eine dynamische Region Europas werden wird, die mit der Zeit dem südlichen Europa nicht nachsteht. Dass Schweden dabei eine besondere Rolle spielen wird, steht außer Zweifel.

Frieden durch Versöhnung

Für ihr außergewöhnliches Engagement bei der Versöhnung als »bewährte Kennerin der polnisch-deutschen Beziehungen und einer Persönlichkeit, die von Journalisten und Politikern in ganz Europa bewundert wird«, erhielt Marion Dönhoff am 21. Oktober 1999 in Danzig den Georg-Dehio-Preis, der von der Künstlergilde in Esslingen gestiftet wird.

Ich möchte mich ganz herzlich für die große Ehre bedanken, die mir durch den Dehio-Preis der Künstlergilde zuteil geworden ist, und es ist für mich eine besondere Freude, dass dieser heute in der legendären Stadt Danzig verliehen wird. Ich kannte Danzig vor dem Krieg, habe die zerstörte Stadt nach dem Krieg gesehen und bin nun froh, sie jetzt in den wichtigsten Teilen wiederhergestellt zu erleben.

Danzig hat, wie der ganze Osten, viele verschiedene Epochen erlebt, aber die Stadt besaß immer ihre ganz individuelle Prägung.

Hier begann der Zweite Weltkrieg mit der Attacke des deutschen Kriegsschiffs »Schleswig-Holstein« auf die polnische Westerplatte.

Danzig war aber auch das erste Beispiel für ein sinnvolles, fruchtbares Zusammenwirken von Nationen, die einander zuvor grausam bekämpft haben: Schon bald nach dem Krieg haben Sachverständige aus Wilna und Lemberg zusammen mit dem letzten deutschen Stadtkonservator Volmar die Rekonstruktion der alten Stadt betrieben; wobei Volmar die vor den Russen versteckten Schätze wieder hervorholte, die aus dem Inneren der alten Gebäude stammten.

Und Danzig war auch der Ort, an dem mit einem Arbeiteraufstand der Widerstand gegen das kommunistische Regime begann. Hier, auf der Lenin-Werft, wurde die Solidarnosz zum Symbol der Freiheit und verschaffte Polen den Ruhm, als einziges Land des Ostens sich aus eigener Kraft vom kommunistischen Regime befreit zu haben.

Meine Familie, die im Mittelalter aus Westfalen nach Livland gezogen war, hat Jahrhunderte im Osten gelebt. Der erste Dönhoff kam mit dem Schwertritterorden ins Land und ließ sich südlich von Riga nieder. Er wurde zum Stammvater von 18 Generationen, die dort im Raum zwischen Weichsel und Peipus-See gelebt haben; dabei spielte es keine Rolle, wer gerade das Land beherrschte: ob der Orden, die Russen, Preußen, Polen oder auch die Schweden. Nationalismus in unserem Sinne gab es damals nicht.

Als im 16. Jahrhundert der Orden so geschwächt war, dass er das bis dahin deutsche Land mit Polen teilen musste, blieben die Dönhoffs jeweils dort sitzen, wo sie bis dato gelebt hatten. Auf diese Weise gab es dann plötzlich neben den deutschen auch polnische Dönhoffs, die in die Geschichte Polens vollständig integriert

110

wurden und lange Zeit wichtige Ämter bekleidet haben. Sie starben 1781 aus. Der deutsche Zweig, der nach Ostpreußen gezogen war, blieb dort, bis die Familie 1945 von der Roten Armee aus der Gegend von Kaliningrad vertrieben wurde.

Es ist faszinierend für mich, in dieser Stadt zu sein, die wie keine andere gezwungen war, zwischen Freiheit und wechselnder Knechtschaft hin und her zu taumeln, bis sie nun hoffentlich endgültig ihre Ruhe finden wird.

Deutsche und Polen haben verstanden, dass es dauerhaften Frieden nur geben kann, wenn Versöhnung, Toleranz und Verständnis füreinander die Nachbarn erfüllt. Beide haben Schweres durchgemacht und gelernt, dass Gewalt oder auch militärische Mittel – ja, dass selbst ein Sieg für keinen zum Frieden führt. Es muss einsam gehandelt und gemeinsam geplant werden, denn wir haben ein großes Ziel vor Augen: Europa. Es lohnt sich, danach zu streben und sich dafür einzusetzen.

Wurzeln im Metaphysischen

Am 15. Juni 2001 wurde Marion Dönhoff im schwäbischen Dillingen der Europäische St. Ulrich-Preis verliehen. Sie erhielt ihn für »das hervorragende Wirken, mit dem Marion Dönhoff durch kritische Kommentierung der Politik, durch Einsatz für Verständigung und Versöhnung mit den Nachbarn im Westen und im Osten, durch ihr stetes Werben für Toleranz, Liberalität und Weltoffenheit zu einer christlichen Völkerverbindung beigetragen hat«.

Dieser Preis ist für mich eine große Ehre und zugleich eine große Freude, denn die Aufgaben und Ziele des St. Ulrich-Preises sind auch für mich die wichtigsten.

Vor 1000 Jahren wurde Bischof Ulrich heilig gesprochen. Für jemand, der gerade im fernen Norden Deutschlands das 300-jährige Bestehen Preußens gefeiert hat, ist es fast unvorstellbar, wie lange das hiesige Land schon christlich geprägt ist.

Die St. Ulrich-Stiftung hat sich zum Ziel gesetzt, »die Einheit Europas in christlich-abendländischer Tradition und im Geiste des Heiligen Ulrich zu fördern«.

In der Tat sollten diese Aufgaben für unsere Zeit wichtige Ziele sein. Allerdings würde man wahrscheinlich heute nicht von »christlich-abendländischer Tradition« sprechen, weil dies zu sehr nach einem Sonderweg aussieht, sondern eher von einem ethischen Fundament, denn nur auf diese Weise kann Europa wieder zu dem werden, was es einst war.

Der Begriff Europa hat zu allen Zeiten verschiedene Inhalte gehabt, je nach den philosophischen Konzeptionen und den gesellschaftspolitischen Vorstellungen der jeweiligen Epoche. Im 18. Jahrhundert, auch noch während der ersten Jahrzehnte des 19. Jahrhunderts, war

Europa ein gemeinsamer geistiger Raum. Es war die unbestrittene Mitte der Welt. Jeder, der am geistigen Leben teilnahm, kannte das gemeinsame Kulturgut, alle lasen die gleichen Bücher und philosophischen Schriften. Der deutschsprachige Raum war damals das intellektuelle Laboratorium Europas.

Natürlich stand Goethe mit allen wichtigen Geistern seiner Zeit in Verbindung, und selbstverständlich kannte Leibnitz alle Wissenschaftler im damaligen Europa. Wilhelm von Humboldt, der Erneuerer des Bildungs- und Universitätswesens, war überall in Europa zu Hause. Immer wieder berichtete er von wichtigen Begegnungen in Berlin, Rom, Paris. Er traf Chateaubriand, Madame de Staël, Metternich, Rauch … Es ist erstaunlich, wie beweglich sie alle waren, auch ohne Flugzeug, Eisenbahn oder Auto.

Im Laufe des 19. Jahrhunderts trat dann das Philosophisch-Künstlerische in den Hintergrund, und alles Interesse richtete sich auf Wissenschaft und Technik: Die Dampflokomotive wurde erfunden, die elektrische Glühbirne, das Telefon. In unserem Jahrhundert steht dann neben der Technik das Materielle und Kommerzielle so im Vordergrund, dass das Humane ganz ins Hintertreffen geraten ist. Die Marktwirtschaft ist heute für viele eine Art säkularisierte Heilsbotschaft.

Die St. Ulrich-Stiftung hat also zwei Ziele: Europäisierung und Christianisierung, oder allgemeiner gesagt: Rückführung auf Ethik, die Wiederentdeckung von Religion und moralischen Grenzen, denn ohne metaphysische Verwurzelung kann eine Gesellschaft nicht überleben. Sie braucht Bindungen, Normen und Spielregeln, sonst bricht sie auf Dauer auseinander.

Die ausschließliche Diesseitigkeit, die den Menschen von seinen metaphysischen Quellen abschneidet, der totale Positivismus, der sich nur mit der Oberfläche der Dinge beschäftigt und jede Tiefendimension vergessen lässt, kann als einzige Sinngebung auf Dauer nicht befrieden.

Die europäische Integration ist nach Überwindung vieler Hindernisse verhältnismäßig mühsam, aber stetig fortgeschritten. Aus der Montanunion von 1951 mit sechs Staaten ist eine Gemeinschaft von inzwischen fünfzehn Staaten geworden. Für die meisten Reisen in Europa brauchen wir heute keinen Pass mehr, und sehr bald werden wir alle dieselbe Währung im Portemonnaie haben.

Viel schwieriger wird es sein, das zweite Ziel zu erreichen. Man kann nur hoffen, dass Europa irgendwann zu seiner ursprünglichen Rolle zurückfindet und wieder dafür sorgt, dass eine philosophische Dimension in die politische Diskussion und in die Vorstellungen, die unsere Welt prägen, Eingang findet. Mit anderen Worten: Dass die Fragen nach dem Sinn von Arbeit und Produktion, nach den Grenzen der Macht, dem Wesen des Fortschritts und dem Zuschnitt der Gesellschaft neu gestellt und ernsthaft diskutiert werden.

In unseren Tagen hat es nur eine Gruppe gegeben, die mit allen Konsequenzen für das eingetreten ist, was die St. Ulrich-Stiftung als ihr Ziel herausstellt: Das waren die Männer vom 20. Juli 1944.

Ich hatte 1945, gleich nach Kriegsende, einen Bericht, ein »In Memoriam« für die Hinterbliebenen geschrieben, weil ich meinte, dass bei der strengen Geheimhaltung, die im Kreise der Verschwörer geübt werden musste, in einigen Familien vielleicht nicht bekannt sei, was ihre immer wieder als Verräter verleumdeten Angehörigen wirklich getan haben. Die Schrift – die erste, die in deutscher Sprache zum Thema 20. Juli erschien – wurde damals in 300 Exemplaren als Privatdruck gedruckt.

Ich möchte daraus zitieren, weil dieser Bericht damals noch ganz aus dem unmittelbaren persönlichen Erleben geschrieben wurde.

»Die unerbittliche Forderung jener Männer war: die geistige Wandlung des Menschen, die Absage an den Materialismus und die Überwindung des Nihilismus als Lebensform. Der Mensch sollte wieder hineingestellt werden in eine Welt christlicher Ordnung, die im Metaphysischen ihre Wurzeln hat; er sollte wieder atmen können in der ganzen Weite des Raumes, die zwischen Himmel und Erde liegt; er sollte befreit werden von der Enge einer Welt, die sich selbst verabsolutiert, weil Blut, Rasse und das Kausalitätsgesetz ihre letzten Weisheiten waren.«

Genau dies erstrebt auch die St. Ulrich-Stiftung. So wünsche ich Ihnen Glück und Gelingen bei Ihrem segensreichen Tun.

Mit Kant im Auto

Kurz vor ihrem 90. Geburtstag verlieh am 1. November 1998 die Philosophische Fakultät der Kalingrader Universität Gräfin Dönhoff den Doctor honoris causa.

Ganz großen Dank möchte ich für diese Ehrung sagen, für diese ungewöhnliche Ehrung. Ungewöhnlich, denn noch vor fünf Jahren wäre es undenkbar gewesen, dass jemand aus dem ehemaligen Ostpreußen, noch dazu aus einer, wie es damals hieß, »junkerlichen« Familie, auf solche Weise geehrt worden wäre.

Es ist für mich sehr bewegend, heute in der Königsberger Universität, der ehemaligen Albertina, die 1544 gegründet wurde, zu stehen, in der ich meine beiden ersten Semester absolviert habe.

Es macht mich wirklich glücklich zu erleben, wie die Beziehungen sich normalisieren. Ich habe immer gehofft, Kaliningrad würde einmal die Brücke zwischen Ost und West werden; eigentlich ist es durch seine Lage als einziger eisfreier Hafen Russlands schon aus wirtschaftlichen Gründen dazu prädestiniert.

Vor acht Jahren wurde ich vom Außenministerium in Moskau eingeladen, an einer Konferenz teilzunehmen, die über das Schicksal des Oblast nachdenken sollte. Geladen waren etwa 40 Leute: Polen, Litauer, Engländer, Amerikaner, außer mir noch ein Deutscher.

Da ich nicht als Repräsentant eines Landes oder einer Organisation gefragt war, sondern nur für mich selber zu sprechen hatte, sagte ich einfach meine Meinung. Man sollte, so erklärte ich:

1. den Oblast zu einer autonomen Republik erklären, damit er aus dem Rubel-Gebiet herauskommt und

ausländische Regierungen zum Investieren angeregt werden;

2. sollte er mit den drei baltischen Staaten zusammen eine Art Benelux (Belgien, Niederlande, Luxemburg) bilden;

3. schließlich sollte der Oblast, der bis dahin sowohl von Ost wie von West ein vollkommen unzugängliches Gebilde war, zum Kern der Vereinigung von Osteuropa und Westeuropa werden.

Kaliningrad war damals in der Sowjetunion als militärisches Sperrgebiet ein vollständig unzugängliches Gebiet. Nicht einmal Professoren aus Russland durften einreisen, und als ich 1989, kurz vor der Maueröffnung, mit dem Wagen eine kleine Statue von Kant nach Kaliningrad brachte, sagten mir die Grenzer: »Dies ist das erste westliche Auto seit 1945.«

Heute habe ich das Gefühl, dass das Mare Balticum, die Ostsee, für den Norden das werden wird, was das Mittelmeer für den Süden ist. Vielleicht nicht erst in ferner Zukunft werden wird, sondern dass es unbemerkt schon auf dem Wege dorthin ist. Alle Nachbarn, auch die Skandinavier, sind auf Integration und gemeinsame Entwicklung bedacht.

Seit 1987 die Kaliningrader Sektion des sowjetischen Kulturfonds gegründet wurde, war Jurij Iwanow dessen Chef in Kaliningrad. Er war ein wunderbarer Mann, der unendlich viel für Frieden und Versöhnung getan hat. In einer Unterhaltung sagte er einmal zu mir: »Kant gehört nicht euch, Kant gehört nicht uns, er gehört der Menschheit.«

Ehrenbürgerin im liberalen Hamburg

»Wir zeichnen eine kluge standhafte Frau aus. Eine Frau mit der raren Eigenschaftskombination Reflexion, Tatkraft und Uneitelkeit. Ihr Engagement, ihre Rechtschaffenheit und ihre unerschrockene, zupackende Liberalität haben Maßstäbe gesetzt«, sagte Ortwin Runde, Erster Bürgermeister von Hamburg, als am 29. September 1999 die Bürgerschaft der Freien und Hansestadt ihr das Ehrenbürgerrecht verlieh.

Ich weiß wirklich nicht, wie man für eine solche Ehre danken kann – für eine solch einzigartige Ehre. Preise und Preisträger aller Art gibt es viele, aber von einer demokratischen Bürgervertretung zum Ehrenbürger ernannt zu werden – in Hamburg waren es seit 1813 nur dreißig, denen diese Ehre zuteil wurde: Das ist ein beschwingendes Gefühl.

Ehrenbürger in Hamburg, dieser noblen Stadt, die mit Recht stets liberal, offen, republikanisch genannt wurde, das ist etwas ganz Besonderes. Ein Beweis für die Liberalität? Um 1800 war Hamburg die Stadt mit der größten jüdischen Gemeinde, die in Deutschland existierte, aber es gab kein Ghetto.

Für mich ist die Liberalität besonders deutlich geworden, seit mir ein Leser vor ein paar Tagen schrieb, dass es um die Jahrhundertwende Adligen verboten war, in Hamburg Grundbesitz zu erwerben. Wenn heute eine Adlige zur Ehrenbürgerin ernannt wird, dann muss man doch feststellen, dass die Liberalität in staunenswerter Weise gewachsen ist.

Die Hansestadt hat sich zu allen Zeiten nicht nur den eigenen Interessen, sondern dem ganzen Bundesstaat verpflichtet gefühlt. Mein Großvater war 1848 Vertreter

Preußens im Deutschen Bundestag in Frankfurt. In seinen Briefen und Tagebüchern hat er stets über die vielen Querulanten geklagt, die jede vernünftige Lösung unmöglich machen: mal sei es das große Österreich, mal das kleine Detmold. Nur zwei Vertreter waren in seinen Augen eine Ausnahme, der immer hilfreiche und Kompromissen stets zugängliche Bürgermeister Sieveking für Hamburg und Bürgermeister Curtius für Bremen.

Als ich 1945, hundert Jahre, nachdem der Großvater diese Feststellung traf, mein erstes Leben in Ostpreußen hinter mir ließ und das zweite Leben in Hamburg begann, da war diese Stadt ein riesiger Trümmerhaufen. 80 Prozent aller Wohnungen waren total zerstört, der Hafen tot, 90 Prozent aller Kaimauern und Schuppen und 80 Prozent aller Kräne zertrümmert. Man sah kein Schiff auf der Elbe, nur die Schornsteine gesunkener Schiffe ragten aus dem Wasser. Die Leiter fast aller Verwaltungsstellen waren von der Besatzungsmacht abgesetzt worden, nichts funktionierte, es gab nichts zu essen und kein Heizmaterial. Wenn ich schreiben musste, legte ich mich mit Mütze, Schal und Handschuhen ins Bett – sonst war es nicht auszuhalten. Ich habe also die Auferstehung Hamburgs von der Stunde Null an miterlebt.

Da so viele Bürger bereit sind, mir, einem ihn persönlich meist unbekannten Menschen, die große Auszeichnung der Ehrenbürgerschaft zuzuerkennen, dachte ich, ich sollte ein paar Bemerkungen zur Person machen.

Mein Leben ist immer und ausschließlich von Zufällen – großen und kleinen – bestimmt worden, ich habe nie etwas geplant. Ein für mich existenzieller Zufall war es, dass das Gestapo-Auto, das mich nach dem 20. Juli 1944 holen sollte, unterwegs zusammenbrach. Dies hatte zur Folge, dass unser Forstmeister, der zugleich Ortsgruppenführer war, die beiden abholen musste. 40 Kilometer hin und 40 Kilometer zurück, das dauerte lang. Es wurde spät. Darum haben die ungeladenen Gäste bei ihrem Retter erst einmal zu Abend gegessen und entsprechend viel getrunken. Der Forstmeister, der von meinen Aktivitäten nichts ahnte, hat mich offenbar in sehr freundlichen Farben geschildert und im Gegensatz dazu den Onkel, der am gleichen Ort wohnte und der ein Duzfreund des Gauleiters Erich Koch war, eher negativ dargestellt.

Der Onkel wohnte im Schloss, hatte aber nichts zu sagen, weil die Verwaltung in meinen Händen lag, was ihn so ärgerte, dass er der Postfrau den Auftrag gegeben hatte, die Namen aller Adressaten meiner Briefe zu notieren. Wenn auch naturgemäß nichts Verfängliches in den Briefen stand, gab es dadurch doch eine Liste, auf der Namen wie Yorck, Moltke, Schulenburg verzeichnet waren. Mit diesem »Beweis« reiste der Onkel nach Königsberg zum Gau-Leiter, und dieser sandte seine Funktionäre aus, um mich zu verhaften.

Die aber waren verwirrt durch die nächtlichen Gespräche und beschlossen, am nächsten Morgen erst einmal den Inspektor und alle Angestellten zu vernehmen. Als sie beim alten Kutscher Süß angelangt waren, sagte der: »Der Graf hat mir ja gesagt, wenn Sie mir fragen, soll ich berichten, dass ich die mit den Namen immer zur Gräfin gefahren habe. Aber wie kann ich das? Die Herres stellen sich mir ja nicht vor.«

Eine solche Zeugenbeeinflussung erschien selbst dem Gestapisten verwunderlich. Als ich dann in Königsberg ihrem Chef vorgeführt wurde, hatten sie diesen offenbar schon orientiert, denn er war überraschend freundlich. Nach zweistündigem Verhör – ich dachte gerade, eigentlich ist es ganz gut gelaufen – fragte er mich: »Wann haben Sie Schulenburg zuletzt gesehen?« Meine Antwort: »In Berlin (mit Betonung auf Berlin) habe ich ihn vor einem Jahr gesehen.«

Ich merkte seinen Augen sofort an, dass ich dies nicht überzeugend herausgebracht hatte – drum sah ich äußerste Aufrichtigkeit als einzigen Ausweg. »Ich habe eben nicht die Wahrheit gesagt«, erklärte ich, »aber ich dachte, wenn ich sage, er war vorige Woche bei mir, dann meinen Sie, Ihr Verdacht sei bestätigt.« Das gefiel ihm, so schien es mir. Am Schluss sollte ich unterschreiben, aber zuvor sagte er: »Wollen Sie noch etwas hinzusetzen?« – »Ja, was denn?«, fragte ich ganz dumm. Antwort: »Zum Beispiel etwas über Ihren Onkel.« Da ging mir ein Licht auf.

»Dieser Onkel«, erklärte ich, »hat mit meiner Familie in drei Instanzen bis zum Reichsgericht prozessiert und immer verloren. Ich nehme an, dass dies jetzt ein Akt persönlicher Rache ist.« – »Dann fahren Sie nun mal nach Hause, wenn wir Sie brauchen, lassen wir es Sie wissen.« Ich glaube nicht, dass auch nur einer meiner Freunde, die alle hingerichtet worden sind, so glimpflich behandelt wurde. Das hatte ich nur dem Zufall des zusammengebrochenen Autos zu verdanken.

Als ich mich sechs Monate später, im Winter 1945, in Ostpreußen aufmachte und mit 100 000 anderen Flüchtlingen gen Westen zog, hatte ich mein Reitpferd bestiegen, um zu versuchen, den sehr langen Treck zusammenzuhalten. Als Handpferd hatte ich eine sehr gut erzogene Stute, die ich nicht zurücklassen wollte, neben mir am Zügel.

Sehr bald stellte sich heraus, dass dies ein hoffnungsloses Unternehmen war: Die Stute sperrte sich und ließ sich ziehen wie ein Kalb, das zum Schlächter geführt wird. Was tun? Umkehren? Den Treck verzweifelter Leute sich selbst überlassen? Unmöglich. Die Stute einfach laufen lassen? Unmöglich. Während ich noch überlegte, drängte sich plötzlich ein Soldat durch das Getümmel – er hatte unbegreiflicherweise als einziges Fluchtgepäck einen Sattel unter dem Arm – und fragte, ob er das Pferd reiten dürfe. Ich stimmte beglückt zu.

Er stieg auf und wir ritten ein paar Tage nebeneinander in dem nie abreißenden Strom von Fußgängern, Leiterwagen und klapprigen Autos. Bis plötzlich ein Offizier wie ein Fels im Meer in der Mitte des Stromes stand und meinen Begleiter anherrschte: »Was, Urlaub, das gibt es nicht! Sofort absteigen.«

Da war ich nun wieder allein mit meinem Problem. Es gelang mir nur für ein paar Stunden, die Stute mitzuziehen. Als ich gerade wieder einmal ganz ratlos war, hörte ich plötzlich in der Dämmerung meinen Namen rufen und sah Georg, den Sohn des Forstmeisters, erschöpft in der Menge stehen. »Los, schnell, steig auf!« Und dann ritten wir wochenlang nebeneinander und kamen alle vier wohlbehalten im Westen an.

Im Westen begann neue Ratlosigkeit. Ich verwendete meine Zeit darauf, für den Chef der britischen Besatzungszone ein Memorandum zu verfassen, das erklären sollte, wie alles gekommen war und was nun geschehen müsse. Da ich im Widerstand aktiv gewesen war, hatte ich, wie es damals hieß, einen *clear record* und konnte mir also leisten, den Wing Commander mit Ratschlägen zu belästigen.

Den Wing Commander hat mein Memorandum mit Sicherheit nie erreicht, aber auf eine unerklärliche Weise geriet es wiederum durch einen glücklichen Zufall in die Hände der vier Leute, die gerade die Lizenz zur Herausgabe der ZEIT erhalten hatten. Sie fanden offenbar meine Argumente einleuchtend und den Stil gut; so erhielt ich ein Telegramm, ich solle nach Hamburg kommen, um über Mitarbeit zu verhandeln. Das Verhandeln dauerte eine halbe Stunde und ich war fest angestellt.

Wenn ich damals gewusst hätte, dass dies eine Bindung über fünfzig Jahre sein würde, dann wäre es für mich vermutlich ein Anlass gewesen, zum ersten Mal dem Zufall in die Speichen zu fallen.

Deutschland und Polen: versöhnte Verschiedenheit

Am Vorabend ihres 90. Geburtstages, am 1. Dezember 1999, wurde Gräfin Dönhoff in der Viadrina gefeiert, der Universität in Frankfurt an der Oder, Janusz Reiter, in den achtziger Jahren Stipendiat der Marion-Dönhoff-Stiftung, nach der Wende der erste Botschafter Polens in Bonn, hielt die Laudatio. Ein Essen im polnischen Glubice jenseits der Oder beschloss den Abend.

Dies ist ein besonderer Tag, nicht wegen meines Geburtstages, sondern wegen dem, was Ihr daraus gemacht habt. Immer hatte ich mir gewünscht, einen Tag zu erleben, an dem wir auf der einen Seite des trennenden Flusses zu einem Gedankenaustausch zusammenkommen, dann gemeinsam über die Brücke gehen und auf der anderen Seite weitermachen.

Nun ist es endlich so weit für beide. Die Polen müssen nicht mehr um ihren Lebensraum zwischen zwei nach Hegemonie strebenden antagonistischen Mächten fürchten, und die Deutschen können hoffen, dass die nachbarlichen Beziehungen zum Osten sich mit der Zeit so gestalten werden, wie es die mit dem Westen heute sind.

Nach Hegemonie strebt ohnehin keiner mehr, und in der vor uns liegenden Phase werden wir gemeinsam in das neue Europa integriert sein – was die komparativen Interessen im Gegensatz zu den bisher kontradiktorischen fördern wird.

Allerdings, Rivalitäten wird es auch weiterhin geben, und alte Belastungen sind auch noch nicht alle aufgearbeitet. Der vor uns liegende Weg wird also kein Spaziergang sein. Aber beide Nachbarn wissen, dass sie einander brauchen, und das ist eine gute Voraussetzung. Ich würde mir wünschen, dass wir unseren Beziehungen den wunderbaren Begriff zu Grunde legen, auf den sich die katholische und die evangelische Kirche nach jahrhundertelangen Querelen gerade geeinigt haben: »Versöhnte Verschiedenheit«.

Interessant: Mäuse genauso wie Großwild

Adam Krzeminski, polnischer Journalist und Historiker, veranstaltete zu Ehren des 90. Geburtstages von Marion Dönhoff im Dezember 1999 in Warschau ein kleines Symposium.

Was für ein Tag: Polen und Deutsche kommen zusammen ohne offizielle Einladung, einfach als Freunde. Interessante, wichtige Gedanken werden vorgetragen, eine kompetente Diskussion folgt.

Ich fand die Idee einer solchen Zusammenkunft von Anbeginn an aufregend und entscheidend wichtig – weil sie mir Beweis dafür erschien, wie sehr das vielfach belastete Verhältnis zwischen unseren beiden Ländern sich normalisiert hat.

Dann aber – erst vor kurzer Zeit – erfuhr ich, dass der Anlass für diese Veranstaltung mein 90. Geburtstag ist. Ich bekam einen großen Schrecken, aus zwei Gründen. Ich dachte erstens, es kann doch gar nicht sein, dass ich für so wichtig gehalten werde, da muss doch irgendein Irrtum sich eingeschlichen haben.

Zweitens: Ich hatte nie über mein Alter nachgedacht, es vielmehr für selbstverständlich gehalten, dass man immer so weiter macht. Und nun erfahre ich plötzlich, dass ich 90 bin. Und da geht es mir wie dem Tausendfüßler, der gefragt wird, mit welchem Bein er anfängt, und der seither nicht mehr gehen kann. Bei jedem Problem, jeder komplizierten Frage sage ich mir: Nein, mit 90 kann man da keine Antwort finden.

Ich wurde neulich anlässlich dieses drohenden Geburtstages gefragt, wie es komme, dass ich alle Brüche und Veränderungen in meinem Leben unbeschädigt überstanden habe. Nach einem Nachdenken fand ich die Antwort, die ich Ihnen nicht vorenthalten will, weil ich denke, dass diese Einsicht, die ich einem meiner Brüder verdanke, auch für andere wichtig sein mag.

Dieser Bruder, der ein begeisterter Jäger war, hatte jahrelang in Afrika gelebt. Eines Tages kam er zurück und besuchte mich in Hamburg. Am Morgen stand er an der Balkontür und blickte ganz fasziniert und mit gespannter Intensität durch die Glasfenster auf den Vorplatz, wo gelegentlich Wühlmäuse erscheinen.

»Was machst du denn da?«, fragte ich. Antwort: »Weißt du, wenn man kein Großwild – Löwen, Leoparden und Elefanten – mehr hat, dann sind auch Mäuse sehr interessant.« Diese verblüffende Einsicht habe ich mir zur Richtschnur gemacht, und ich bin damit nicht schlecht gefahren.

Manuskripte,
die sie uns ans Herz legte

Als wir mit Marion Gräfin Dönhoff kurz vor ihrem Tod über eine mögliche Veröffentlichung unserer Gespräche sprachen, ging sie an ihren Schreibtisch und gab uns einige Manuskripte. »Lest dies mal«, sagte sie, »ich könnte mir vorstellen, dass das die Leser interessiert.« Oben links stand auf den Manuskripten in ihrer schönen, kleinen, gestochenen Handschrift: »Wichtig«.

Die europäische Dimension Preußens

Preußen – es gibt keinen zweiten Begriff, kein zweites Land, keine andere Volksgemeinschaft, die so widersprüchliche Reaktionen und Emotionen ausgelöst hat: Liebe, Bewunderung, Verehrung einerseits, Missbilligung, Abscheu, Hass andererseits.

Im Jahre 1847 beschloss Ranke sein Werk über die preußische Geschichte mit dem Satz: »Nur in Preußen ist eine große – zugleich deutsche und europäische – Selbständigkeit begründet worden.« Ein Jahrhundert später, 1947, erklärten die Alliierten im Kontrollratsgesetz Nr. 46: »Der Staat Preußen, der seit jeher Träger des Militarismus und der Reaktion in Deutschland gewesen ist, hat zu bestehen aufgehört.« Ein Teil dieses Einverständnisses [der Sieger] mag auf den Zorn zurückzuführen sein, der sich nach zwei von Deutschland verursachten Weltkriegen angesammelt hatte. Aber die immer wieder aufgestellte Behauptung, von Luther über Friedrich den Großen und Bismarck bis zu Hitler führe eine gerade Linie, zeugt doch von totaler Unkenntnis der Geschichte. Die Alliierten haben offenbar die Perversion Preußens durch Hitler für das Original gehalten und nicht gemerkt, dass auch sie dem Rosstäuscher aus Österreich aufgesessen sind – genau wie zuvor viele Deutsche.

In Wirklichkeit kann man die Regierungsform, die unter Friedrich dem Großen entwickelt wurde, als aufgeklärten Absolutismus bezeichnen, und ohne Zweifel ist das Preußen des 18. Jahrhunderts verhältnismäßig nah an dem, was man einen Rechtsstaat nennen kann: Friedrich hat einen wissenschaftlich geschulten, unabhängigen Richterstand geschaffen, dazu eine klare Gerichtsverfassung mit drei Instanzen und einer modernen Prozessordnung. Im Übrigen wurde das Preußische Landrecht, das zu seiner Zeit geschaffen worden ist, allgemein als das fortschrittlichste der Zeit angesehen. Immanuel Kant sprach vom Zeitalter der Aufklärung als vom Jahrhundert Friedrichs.

Kant und der Philosoph Christian Wolff aus Halle gehörten beide der Akademie der Wissenschaften in St. Petersburg an. Wolff war außerdem Mitglied der Akademie in London und Paris – ein Zeichen, wie selbstverständlich der geistige Austausch in Europa war. Für die Künstler galt das Gleiche: Schinkel, der wohl bedeutendste Architekt im damaligen Europa, hat nicht nur in Berlin und Potsdam gebaut, sondern für Oslo eine Universität entworfen, für Athen einen Palast und für den Zaren ein Château auf der Krim.

Die ersten Jahrzehnte des 19. Jahrhunderts waren durch einen unglaublichen Reichtum an Talenten gekennzeichnet. Es ist ganz unbegreiflich, woher dieses in der napoleonischen Zeit ausgeblutete armselige Preußen die Kraft zu solcher Blüte nahm: Allein an Architekten wirkten neben Schinkel so bedeutende Persönlichkeiten wie Schadow, Rauch, Stühler, Klenze.

Zunächst aber hat es Preußen ja gar nicht gegeben – es gab nur Brandenburg. 1417 war der Burggraf von

Nürnberg vom Kaiser Sigismund auf dem Konzil in Konstanz als Markgraf und Kurfürst von Brandenburg eingesetzt worden. Er stammte aus dem Haus Hohenzollern, das nun für die nächsten 500 Jahre erst Brandenburg, dann Preußen und seit 1871 das Deutsche Reich beherrschte.

Und seit wann gibt es Preußen? Der Kurfürst von Brandenburg erbte 1618 das Territorium des Deutschen Ritterordens (etwa das spätere Ostpreußen). Der Ordensstaat war nämlich 1525 in ein weltliches Herzogtum umgewandelt worden. Der letzte Hochmeister, Albrecht von Hohenzollern, nahm den Titel Herzog von Preußen an, nachdem sein Sohn Johann mit Preußen belehnt worden war – damit trat Preußen unter unmittelbar brandenburgische Verwaltung.

Der erste große Meilenstein in der preußischen Geschichte ist das Jahr 1640 – damals kam Friedrich Wilhelm, genannt der Große Kurfürst, an die Regierung, die er nahezu ein halbes Jahrhundert innehatte. Er war es, der die Voraussetzungen für die Bedeutung des Brandenburg-Preußischen Staates geschaffen hat.

Wenn man – und dies ist doch wohl legitim – Toleranz dem Nachbarn gegenüber und Toleranz den Minderheiten im eigenen Land gegenüber als Ausweis europäischen Geistes akzeptiert, dann ist Brandenburg-Preußen unter dem Großen Kurfürsten das erste Land, das bewusst europäisch dachte – ganz im Gegensatz zu der religiösen und ethnisch-nationalen Unduldsamkeit aller Nachbarn. Allenthalben wurden damals die Andersgläubigen oder ethnisch Fremden gewaltsam vertrieben.

Als 1685 das Edikt von Nantes in Frankreich aufgehoben wurde und die Calvinisten gezwungen wurden auszuwandern, gewährte der Große Kurfürst 20 000 dieser Hugenotten Zuflucht. Um 1690 hatte Berlin 11 000 Einwohner, von denen 4 000 Hugenotten waren. Zuvor hatte er 50 jüdische Familien aufgenommen, die aus Wien hatten flüchten müssen, und räumte ihnen das Recht ein, Häuser zu erwerben und öffentliche Gottesdienste abzuhalten. Der amerikanische Historiker Gordon Craig schreibt in seinem Standardwerk mit dem Titel »Über die Deutschen«: »Von allen deutschen Staaten zeigte Brandenburg-Preußen die größte Toleranz gegenüber Juden.«

Friedrich Wilhelm I., der Vater Friedrich des Großen, hatte die in Böhmen und Mähren vertriebenen Salzburger – ebenfalls etwa 20 000 – in Ostpreußen angesiedelt. Gewiss geschah dies auch unter dem Gesichtspunkt, das nach dem Dreißigjährigen Krieg entvölkerte Land wieder zu »peuplieren« – aber dass es auch Toleranz war, bewies Friedrich der Große, der dem Jesuitenorden Asyl gewährte, als dieser aus allen großen katholischen Staaten Europas vertrieben wurde. Auch ließ er in Berlin als Zeichen der Aussöhnung mit den Katholiken die Hedwigskirche bauen – damals die größte und prächtigste Kirche Berlins.

In einem Brief Voltaires an seine Nichte heißt es: »Nun bin ich endlich in Potsdam. Unter dem verstorbenen König war es ein Exerzierplatz und kein Garten, mit dem Drill des Garderegiments als einziger Musik, Revuen statt Schauspielen, Soldatenlisten als Bibliothek. Heute [also unter Friedrich dem Großen] ist es der Palast des Augustus, der Sitz der Schöngeister, der Lust und des Ruhmes.«

Es ist erstaunlich, dass Brandenburg-Preußen, das ärmste deutsche Kurfürstentum, das keinerlei Reichtümer besaß und dessen Bevölkerung zu 80 Prozent aus Analphabeten bestand, zur fünften Großmacht Europas aufstieg, und zwar in der verhältnismäßig kurzen Zeitspanne vom Regierungsantritt des Großen Kurfürsten, der mit konsequenten Reformen und durch brutale Entmachtung der Stände das Fundament gelegt hatte, bis zum Tod Friedrichs des Großen im Jahr 1786.

Die Verwandlung in einen modernen Verfassungsstaat war in dieser Zeit vollzogen worden. Gelungen war auch dank konsequent praktizierter Staatsraison die Schaffung eines integrierten Beamtenstandes mit Esprit de Corps und selbständigem Denken. Dies alles war nur möglich gewesen, weil die Staatsgesinnung eine so entscheidende Rolle gespielt hat. Der Staat war fast etwas Metaphysisches, er verkörperte das höchste Ethos – was seiner Pervertierung durch Hitler zweifellos entgegengekommen ist.

»Selbständiges Denken«? Wir alle kennen die Beispiele, die sich über mehrere Generationen ziehen: Friedrich der Große schreibt dem Justizminister von Münchhausen, er möge ein bereits gefälltes Urteil umstoßen. Münchhausen antwortete: »Mein Kopf steht Eurer Majestät zur Verfügung, aber nicht mein Gewissen.«

Von der Marwitz verweigert den Befehl des Königs, als Repressalie für die mutwillige Zerstörung der Antikensammlung im Schloss Charlottenburg das sächsische Schloss Hubertusburg zu plündern. Er quittierte den Dienst und lässt auf seinen Grabstein – er starb 1781 – schreiben: »Sah Friedrichs Heldenzeit und kämpfte mit ihm in allen seinen Kriegen. Wählte Ungnade, wo Gehorsam nicht Ehre brachte.«

General Yorck, der 1812 in Tauroggen ohne Befehl und Legitimation einen Sonderfrieden mit dem russischen General Diebitsch geschlossen hatte – wodurch er Preußen rettete, aber den König in größte Verlegenheit brachte, denn das ganze Land war ja noch von den Franzosen besetzt –, schrieb in einem Brief an den nichts ahnenden Friedrich Wilhelm III.: »Eurer Majestät lege ich willig meinen Kopf zu Füßen, wenn ich gefehlt haben sollte; ich würde mit der freudigen Beruhigung sterben, wenigstens als treuer Untertan und wahrer Preuße nicht gefehlt zu haben.«

Und schließlich, 1898, sagt der alte Stechlin in Fontanes Roman: »Dienst ist alles – Schneidigkeit ist nur Renommisterei und das ist gerade, was bei uns am niedrigsten steht – die wirklich Vornehmen, die gehorchen nicht einem Machthaber, sondern dem Gefühl der Pflicht.«

Und zum Schluss noch ein Zitat Friedrich des Großen aus dem Antimachiavell von 1739: »Der Fürst von echter Art ist nicht da zu Genießen, sondern zum Arbeiten. Der Herrscher – weit entfernt der unbeschränkte Herr seines Volkes zu sein – ist selbst nichts anderes als sein erster Diener.«

In einer Order an die Feldprediger befahl er damals, sie sollen die langatmigen Gebete für den König und seine Familie unterlassen und sich beschränken auf: »In Sonderheit empfehlen wir Dir, lieber Gott, Deinen Knecht, unseren Herrn.«

Dies Preußen samt seinem Ethos, seinem Gefühl für Verantwortung und der Zusammengehörigkeit mit den anderen Europäern, ist schon 1871 untergegangen, als Preußen in Deutschland aufging und dem Rausch der Gründerzeit verfiel. Erst die Preußen des Widerstandes vom 20. Juli hatten wieder ein europäisches Bewusstsein. In allen ihren Aussagen und Schriften kommt zum Ausdruck, dass sie den Nationalstaat für überholt hielten und dass es in der Nach-Hitlerzeit darum gehen müsse, gemeinsam Europa zu entwickeln.

Nur einmal, also kurz vor dem behördlich verordneten Ende durch den Kontrollrat, hat sich der preußische Geist noch einmal gemeldet, um endgültig Abschied zu nehmen – das war am 20. Juli 1944. Damals starben von Henkershand hohe Offiziere, Minister, Botschafter, Gewerkschafter, Jesuiten, verantwortliche Bürger. Unter ihnen finden wir alle großen Namen der preußischen Geschichte: Yorck, Moltke, Schwerin, Schulenburg, Lehndorff.

Die Ehre Deutschlands war verspielt, nicht mehr zu retten – die Schande der Hitler-Zeit zu groß. Aber das Kreuz, das sie auf Preußens Grab errichtet haben, leuchtet hell aus der Dunkelheit jener Jahre.

An dieses Manuskript hat Marion Dönhoff eine kleine Notiz geheftet, gerichtet an Theo Sommer: »Ted, dies zum Beweis, warum ich meine, dass Deutschland innerhalb Europas besondere Beziehungen zum Osten hat.«

Deutsch-russische Beziehungen

Manche Deutsche verbinden mit dem Begriff Russland die Assoziation: unberechenbar, chaotisch, grausam, fremdartig. Nach Stalinismus, zwei Weltkriegen und Lenins Revolution mag dies auch nicht verwunderlich sein. Umgekehrt ist für die Russen das Bild der Deutschen nach Jahren des Kalten Krieges, zwei Weltkriegen, Hitler und Faschismus nicht viel anders.

Aber tiefer als diese Gefühle nistet eine, fast könnte man sagen, vertrauensvolle Hinneigung zueinander – Lew Kopelew, der viele Jahre die Beziehung der beiden Völker studiert und analysiert hat, spricht von »Wahlverwandtschaft«.

Während des Zweiten Weltkrieges, auf der Höhe der gegenseitigen Hasstiraden und drohenden Feindbilder, berichteten viele deutsche Soldaten von der Barmherzigkeit und Güte des russischen Volkes gegenüber den Leiden der deutschen Gefangenen. Die heutigen Russen schließlich – Regierende wie Regierte – empfinden die Deutschen von allen Westlern als die ihnen vertrautesten.

Im 18. Jahrhundert hatte Russland mit keinem anderen Land so enge Beziehungen wie mit Deutschland. Peter der Große hatte sein Land nach Westen geöffnet: Wissenschaftler, Künstler, Kaufleute, Handwerker strömten herein. Peter zog den großen Wissenschaftler und Philosophen Leibniz als Ratgeber heran und gründete die Akademie der Wissenschaften in Petersburg, deren Lehrkörper zunächst mehrheitlich aus Deutschen bestand.

Viele in der hohen Beamtenschaft und im Offiziers-Corps waren Deutsche: Der viel gerühmte, erfolgreiche Generalfeldmarschall von Münnich stammte aus Oldenburg; Graf Nesselrode aus dem Rheinland wurde 1814 Staatssekretär und begleitete Zar Alexander I. zum Wiener Kongress. Nach Rückkehr wurde Nesselrode Chef des Außenministeriums, dann Vizekanzler und von 1845 bis 1856 Reichskanzler des russischen Imperiums.

Starken Einfluss hatten im 18. Jahrhundert dynastische Verbindungen – Heiraten zwischen Fürstenhäusern waren früher ein wichtiges Instrument der Außenpolitik. In Polen, beispielsweise, wurden die jahrelangen Querelen mit Litauen beendet, als Hedwig, eine Tochter des polnischen Königs, mit dem Großfürsten Jagiello von Litauen verheiratet wurde und auf solche Weise das Großreich Polen/Litauen entstand.

In Russland vermählte Peter der Große den Zarewitsch Alexej mit einer Prinzessin aus Braunschweig-Wolfenbüttel; Peters Tochter Anna heiratete den Herzog von Holstein-Gottorp. Als ihr Sohn Peter III. 1762 gestürzt wurde, folgte ihm seine Gemahlin Anna Dorothea von Anhalt-Zerbst; sie herrschte als die große russische Zarin Katharina II. dreißig Jahre lang, bis 1796. Ihr Sohn und Nachfolger Paul war mit einer Tochter aus dem Hause Hessen-Darmstadt verheiratet, und als sie starb, heiratete er eine württembergische Prinzessin; sechs ihrer Kinder waren vermählt mit Mitgliedern deutscher Fürstenhäuser.

Das 19. und der Beginn des 20. Jahrhunderts steht mehr im Zeichen der Dichter und Philosophen: Puschkin, Tolstoi, Gogol, Turgenjew, Dostojewski, später dann Boris Pasternak. Sie alle haben das deutsche Kulturleben stark beeinflusst.

Die Deutschen, die in Russland eine Rolle spielten, waren Goethe und der viel bewunderte Schiller, ferner Kant, Hegel, Heine, später dann Rainer Maria Rilke und in unseren Tagen Heinrich Böll.

Natürlich gab es gelegentlich auch Störungen in den politischen Beziehungen, aber im geistigen und künstlerischen Bereich, also auch hinsichtlich Malerei und Musik, haben beide einander stets befruchtet und angeregt. Seit schließlich 1973 ein Kulturabkommen geschlossen wurde, findet ein regelmäßiger Austausch von Ausstellungen und Gastspielen statt.

Heute, ungeachtet von Jahrzehnten immer erneut aufgeheizten Kalten Krieges, gibt es wieder viele Organisationen, die die deutsch-russischen Beziehungen pflegen. Ich las bei Kopelew, dass er in der kleinen niedersächsischen Stadt Papenburg gewesen ist und dort erfuhr, dass deren Bürger Beziehungen zu dreihundert Familien in Archangelsk angeknüpft haben.

Dadurch neugierig geworden, habe ich versucht festzustellen, wie viele solcher individuellen, regionalen Beziehungen es in Deutschland gibt. Der Friedrich-Ebert-Stiftung ist es gelungen, eine Liste von 384 humanitären Hilfsaktionen aus Deutschland zu identifizieren, die in Russland registriert sind.

(September 1999)

Die Deutschen – wer sind sie?

Als Fragment bezeichnete Marion Dönhoff dieses Manuskript, an dem sie Anfang der achtziger Jahre, also lange vor der Wende, gearbeitet hat. In seiner Substanz sei es, wie sie sagte, von den Zeitläuften aber nicht überholt.

Kein anderer Ort ist so geeignet, um über die Frage nachzudenken: »Wer sind die Deutschen?«, wie Berlin – das zweigeteilte Berlin. So lange ist diese Stadt nun schon in der Mitte durchgeschnitten. Nur noch ein Drittel der Bewohner kann sich daran erinnern, dass sie einmal ein Ganzes war.

Ich war vor kurzem in Ostberlin und saß dort eines Abends mit verschiedenen Schriftstellern und Freunden zusammen, die ich lange nicht gesehen hatte. Im Laufe des Gesprächs stellte ich einem von ihnen die Frage: »Welche Probleme, die bei uns mit so viel Ausdauer diskutiert werden, haben auch bei Euch Bedeutung? Gibt es gemeinsame Probleme? Schwappt die Diskussion gelegentlich aus der Bundesrepublik in die DDR über?«

Zunächst längeres Nachdenken, dann die Antwort: »Nein, eigentlich gibt es das nicht.« Ich versuchte es noch einmal und nannte ein paar Themen, an die ich dachte: die Grünen, Nuklearenergie, Schulfragen, Umweltschutz. Allgemeines Kopfschütteln.

Man muss sich das einmal vorstellen: Da fahren wir nach Holland, nach England oder auch über den Atlantik nach Amerika, führen überall in der westlichen Welt die gleichen Probleme und Gespräche – aber auf der anderen Seite des Brandenburger Tores beginnt eine andere Welt. Denn dort wurde ja das errichtet, was die SED-Regierung die »sozialistische Nation« nennt, mit vergesellschaftetem Eigentum, totalitärer Staatsführung und planwirtschaftlichem Credo. Diesseits der Elbe entstand in der gleichen Zeit eine demokratische Wohlstandsgesellschaft auf kapitalistischer Grundlage mit marktwirtschaftlichem Credo. Über beiden Staaten wölbt sich – so die Bonner Theorie – das gemeinsame Dach der Nation. Ein gemeinsames Dach? Die gleiche Nation?

Carlo Schmid hat in seiner letzten großen Rede vor dem Bundestag, die er am 25. Februar 1972 anlässlich der ersten Lesung der Ostverträge gehalten hat, über das Thema »deutsche Nation« gesprochen. Er ging von der Frage aus: Was bedeutet der Begriff der Nation in einem gespaltenen Lande, und was bedeutet er angesichts der Notwendigkeit, unsere Beziehungen zu Staaten zu normalisieren, für die Deutschland nur ein »Territorium« ist. Ein Territorium, auf dem sich zwei Staaten befinden und zwei Staatsnationen leben, die nur noch die Sprache miteinander gemein haben?

Carlo Schmid meinte damals, zwei Staatsnationen könnten sich sehr wohl einer Schicksalsnation zugehörig fühlen, wenn sie sich – ungeachtet der jeweiligen Staatsideologie – durch die Bejahung gleicher Grundwerte und im Bewusstsein gleicher Herkunft als im Wesen identisch empfinden. Und er erinnerte an die großen Gestalten der gemeinsamen deutschen Geschichte, an die Bauernerhebung, an das Jahrhundert der deutschen Aufklärung, an Klassik und Romantik. Er sagte, die deutsche Nation sei mehr als das Ergebnis der Schlacht von Sedan und der Kaiserproklamation in Versailles und stärker als der Wille der Sieger des letzten Krieges, sie zu zerstören.

Aber stimmt das? Beginnt hier nicht das große Fragezeichen: die Frage nach der nationalen Identität? Was haben diese beiden so ganz und gar verschiedenen Staaten gemeinsam? Sicherlich, wie Carlo Schmid sagt, die Herkunft. Ja, sie hatten eine gemeinsame Geschichte, aber sie haben sie verdrängt. Kurt Sontheimer schrieb einmal: »Das Dritte Reich hat sich wie ein erratischer Block zwischen die Gegenwart des geteilten Deutschlands und seine gemeinsame Vergangenheit geschoben und stört den Sinn für historische Kontinuität.« Es ist wahr, die meisten Bürger wissen nichts mehr von ihrer Geschichte.

Was dies auf lange Sicht bedeutet – für jeden der beiden bedeutet –, lässt sich heute noch nicht ermessen. Nur so viel lässt sich sagen: Kein Gemeinwesen kann auf die Dauer existieren ohne das Bewusstsein der Bürger, zusammenzugehören, und dies wiederum kann nur in gemeinsamer Identität wurzeln.

Die SED-Führung aber legt heute größten Wert auf die Feststellung, dass es zwischen den Menschen in der DDR und denen in der Bundesrepublik wegen der sozio-ökonomischen Gegensätze kein Zusammengehörigkeitsgefühl mehr gibt. Mit der Errichtung der Arbeiter- und Bauernmacht habe sich ein neuer Typus – eben die »sozialistische Nation« – entwickelt, die qualitativ unendlich viel höher zu bewerten sei als die »Bürgerliche Nation« der Bundesrepublik.

Man kann nicht umhin, sich zu fragen, wie wohl eine »sozialistische Nation« ohne geistige Väter und Ahnen entstanden ist; denn außer der SED vermag doch wohl niemand zu übersehen, dass auch im Gebiet der heutigen DDR Millionen Werktätige Adolf Hitler zugejubelt haben. Und dass es deren Väter waren, die, von nationaler Begeisterung beflügelt, 1914 zu den Fahnen eilten, um die Nation, zu der sie sich gar nicht zugehörig hätten fühlen dürfen, zu verteidigen und für ein Vaterland zu streiten, das sie, laut Kommunistischem Manifest, ja gar nicht besaßen.

Die Auffassung, dass die beiden Deutschlands nichts miteinander zu tun haben, hat sich erst Ende der sechziger Jahre herausgebildet. Noch 1966 findet man häufig die Formel »zwei Staaten, aber eine Nation« – dies war beispielsweise der Wortlaut in einem Aufnahmegesuch der DDR an die Vereinten Nationen. Aber schon ein Jahr darauf, beim Parteitag der SED 1967, wurde die Unterscheidung zwischen »Staatsvolk« und »Nation« eingeführt. Und noch ein Jahr später, in der Verfassung von 1968, wird die DDR im Artikel 1 als »sozialistischer Staat Deutscher Nation« bezeichnet.

Zu jener Zeit also gab es auch in der östlichen Vorstellung noch immer eine Nation, zu der zwei Staaten mit verschiedenen Gesellschaftssystemen gehörten. Erst nach und nach ist dann die Einzigartigkeit des »sozialistischen Nationalstaates« postuliert worden, der nichts mehr mit der bürgerlichen Nation zu tun hat. Schließlich hat dann Walter Ulbricht den Begriff »sozialistischer deutscher Nationalstaat« geprägt. Und seit Anfang der siebziger Jahre wird nun in Ostberlin gegen das »Geschwätz von der so genannten Einheit der Deutschen Nation« zu Felde gezogen.

Freilich haben auch wir unsere Auffassung im Laufe der Zeit geändert. Auch wir hatten keineswegs von vornherein die Vorstellung, dass da zwei Staaten unter einem nationalen Dach hausen. Ein Vierteljahrhundert lang gab es für uns nur einen Staat, der die Nachfolge des Deutschen Reiches angetreten hatte und die Alleinvertretung für das Ganze beanspruchte. Der deutsche Staat im Osten wurde zu jener Zeit als Un-Staat angesehen, als Sowjet-Zone, gelegentlich auch als Phänomen. Erst 1970, mit Abschluss der Ostverträge und des Grundlagenvertrages, änderte sich dies.

In unserem Land ist Nation ein abstrakter Begriff geworden, jedenfalls für die Jungen; obgleich ihren Eltern und Großeltern das Opfer für die Nation häufig noch als die höchste Stufe der Selbstverwirklichung galt. Sicher ist das Unverständnis für den Begriff Nation eine Reaktion auf den Missbrauch, der in der Nazizeit mit jener Opferbereitschaft getrieben worden ist. Aber zu einem Teil hängt dies eben doch auch mit der Geschichtslosigkeit zusammen. Die vielleicht beste Definition von Nation stammt, denke ich, von Disraeli, der gesagt hat: *It is a work of art and time.* Das Zeitelement – also Geschichte – gehört eben auch dazu.

Doch zugegeben, im Zeitalter von Souveränitätsverzichten und supranationalen Entscheidungen ist es schwierig, die Nation noch für den wichtigsten Gemeinschaftsbegriff zu halten. Viele lebenswichtige Probleme können heute auf der Ebene des einzelnen Nationalstaates – der früher das Gefäß bildete, in dem Geschichte sich vollzog – nicht mehr gelöst werden. Man denke nur an Energie und Umweltprobleme, Währungspolitik, Entwicklungshilfe.

Wer sind die Deutschen? Sie waren immer wieder jemand anders. So rasch wechseln die Bilder, dass man meinen konnte, fasst jede Generation stelle ein anderes Volk dar. Einst waren sie als Dichter und Denker bekannt, als Wissenschaftler und Gelehrte. Lange Zeit war Deutschland das geistige Laboratorium Europas – alle neuen Ideen entstanden hier. Karl Marx und Albert Einstein waren die Urheber großer Entdeckungen und Einsichten, die für die ganze Welt bestimmend wurden. Davor waren es die Unsterblichen der Musik, die das Bild der Deutschen prägten. Danach erst – also nach den Wissenschaftlern und Gelehrten – setzte die wilhelminische Generation die Welt in Schrecken, und anschließend stampften die Deutschen in braunen Hosen und Nagelstiefeln durch das gleiche Land. Bis dann auch diese wieder verschwanden.

Ende der fünfziger Jahre, also am Ende des ersten Jahrzehnts der neu gegründeten Bundesrepublik, blickte Dolf Sternberger verwundert um sich und fragte: »Wohin sind jene strammen Knaben verschwunden, die kurzgeschorenen mit dem Dolch im Gürtel? Was ist aus jenen drallen Mädchen geworden, den organisierten, mit ihren blonden Knoten und Zöpfen? Wo sind sie alle, die Marschierer, geblieben, die alten und die jungen, die in Sechserreihen und Kolonnen – die Wimpel voraus? Sind es noch dieselben Menschen? Sind wir noch im gleichen Vaterland?«

Wie also die Deutschen beschreiben? Der französische Historiker Pierre Gaxotte meint, die deutsche Geschichte sei ohne Gleichgewicht und ohne Kontinuität, sie verlaufe in Kontrasten und Extremen. Wörtlich sagt er: »Deutschland ist das Land der wunderbaren Aufstiege und apokalyptischen Katastrophen.«

Wenn man über die Jahrhunderte zurückblickt, muss man ihm Recht geben. Da war der Dreißigjährige Krieg 1618–48, der das Land in Grund und Boden verwüstet hatte – die Einheit Deutschlands schien hoffnungslos verloren. Aber dann, in den nachfolgenden Türkenkriegen, sehen wir Österreich zur Großmacht aufsteigen. 1806 setzte Napoleon jenem Reich zwar ein Ende, aber auch aus diesem Niedergang entwickelte sich, wie der Historiker Aretin zeigt, wieder ein Aufstieg: Eine ganze Reihe äußerst moderner Staaten wie Preußen, Bayern, Württemberg und andere entstanden. Als der Deutsche Bund, in dem sich insgesamt 36 Staaten zusammengeschlossen hatten, ein Ende fand, wurde 1871 im neuen Kaiserreich die Einheit Deutschlands geboren.

Aber dann, im neuen Jahrhundert, setzt sich die Kettenreaktion von Aufstieg und Fall weiter fort. Der Erste Weltkrieg, in dem eine ganze Generation verblutet war, führte zu einer Wirtschaftskrise ohnegleichen; die bürgerlichen Schichten verarmten im Laufe der Inflation; ein Arbeitslosenheer von sechs Millionen war die Folge von unsinnigen Reparationsleistungen. Doch wieder folgte ein unglaublicher Aufstieg. Unter Hitler jubelte das Volk das soeben noch tief daniederliegende Land empor. Es wurde zur stärksten militärischen Macht in Europa, und Hitler forderte – getreu dem unsinnigen Spruch »viel Feind, viel Ehr« – die ganze Welt heraus.

Die Deutschen überrannten im Westen die von allen

Fachleuten für uneinnehmbar gehaltene Maginot-Linie und drangen im Osten bis in die Außenbezirke von Moskau vor. Und dann wieder ein Zusammenbruch ohnegleichen. Diesmal, so meinte man, werde es keinen Aufstieg mehr geben.

Das Charakteristikum der Deutschen ist also offenbar wirklich der Wechsel von apokalyptischem Fall und phönixhaftem Aufstieg. Wobei die Frage nicht ist, was Ursache und was Wirkung ist, ob also der Aufstieg den Fall heraufbeschwört oder der Fall den Aufstieg herausfordert. Entscheidend ist, dass beiden ein Element der Maßlosigkeit innewohnt. Es fehlt uns ganz einfach der Sinn für das Maß, und es fehlt das Talent zum Kompromiss.

Vom Ethos des Widerstands

Ein Herzensanliegen war Marion Dönhoff der 20. Juli. Kein Jahrestag verging, an dem sie nicht in der ZEIT an das fehlgeschlagene Attentat erinnerte. In einem Vortrag, gehalten in Oxford 1985, fasste sie das Thema des Widerstands weiter und fordert vom Bürger Zivilcourage.

Vor einigen Wochen hatte ein junger Kollege von mir in der ZEIT über einen Film berichtet, der den Geschwistern Scholl gewidmet ist, die 1943 zusammen mit anderen Studenten in München wegen Hochverrats und Widerstands gegen den Nationalsozialismus hingerichtet worden sind. Am Schluss seiner Rezension schrieb er, das Beispiel der Geschwister Scholl wirke ermutigend für jene Jugendliche, die heute voller Misstrauen gegen den Staat sind. Sophie Scholl sei, so meinte er, wie heute Ulrike Meinhof eine »Identifikationsfigur von moralischer Rigorosität«.

Dieser Irrtum zeigt, wie schwer es ist, eine klare Abgrenzung zu finden für das, was man unter Widerstand versteht. Auch die Umweltschützer, Atomgegner und Hausbesetzer berufen sich heute gern auf ein Widerstandsrecht, wenn sie gegen Anordnungen der Obrigkeit revoltieren oder wenn sie gegen Gesetze, die auf demokratische Weise beschlossen wurden, mit Gewalt vorgehen.

Die RAF-Gruppe, die in Italien wegen Mord, illegalem Waffenbesitz und Entführung des amerikanischen Generals James Lee Dozier vor Gericht steht, wird von einem Anwalt der extremen Linken verteidigt. Dieser plädierte für Freispruch mit dem Argument: »Ihr Feldzug gegen die NATO war nicht terroristisch, weil nicht gegen die demokratische Staatsordnung gerichtet, sondern dazu bestimmt, die nuklearen Kriegspläne der USA und des Atlantischen Bündnisses zu verhindern; ein Krieg für den Frieden – also gegen den Krieg – kann nicht als Verbrechen verurteilt werden.« Man sieht: Die Verwirrung könnte nicht größer sein.

Zur Klärung ist zunächst einmal festzustellen, dass das Widerstandsrecht ein Recht sozialer Notwehr ist gegenüber einem Missbrauch durch die Staatsgewalt – im Extremfall gegenüber einer verbrecherischen Obrigkeit. In einem Rechtsstaat sollte Widerstand nicht gerechtfertigt sein, auch wenn die Bundesrepublik im Paragraphen 20 des Grundgesetzes – übrigens als einziges Land der Welt – ein Recht auf Widerstand postuliert. Ferner ist festzustellen, dass das Recht auf Widerstand erst dann gegeben ist, wenn alle legalen Mittel erschöpft sind.

Ulrike Meinhof, die in einem funktionierenden Rechtsstaat lebte und deren Widersand nicht auf Wiederherstellung von Rechtsverletzungen durch den Staat gerichtet war, sondern auf Etablierung eigener Willkür, konnte sich also bei ihren Gewalttaten nicht auf ein Widerstandsrecht berufen. Wer individuellen Terror praktiziert, Politiker entführt, Bomben legt, Geiseln festsetzt, hat nichts gemein mit den Studenten von 1943, die in einem Unrechtsstaat lebten und helfen wollten, die Grundrechte wiederherzustellen.

148

Sophie Scholl, ihr Bruder und einige Freunde, alle im Alter zwischen 21 und 25 Jahren, starben auf dem Schafott, weil sie zum passiven Widerstand gegen die Verbrechen des Nationalsozialismus aufgerufen hatten. In allem, was sie taten, auch in den Texten der Flugblätter, die sie verbreiteten, wird die ethische Gesinnung, aus der heraus sie handelten, so deutlich, dass man von einem Aufstand des Gewissens gesprochen hat. In den Flugblättern, die sie im Sommer 1942 mit der Post verschickten oder zu Tausenden nachts in den Straßen verstreuten, bis sie sich schließlich eines Tages aus Verzweiflung und Ungeduld dazu verleiten ließen, sie in der Universität in München zu verteilen, heißt es: »Verbergt nicht eure Feigheit unter dem Mantel der Klugheit. Denn mit jedem Tag, da ihr noch zögert, da ihr dieser Ausgeburt der Hölle nicht widersteht, wächst eure Schuld gleich einer parabolischen Kurve höher und immer höher.«

Oder: »Nicht der militärische Sieg über den Bolschewismus darf die erste Sorge für jeden Deutschen sein, sondern die Niederlage der Nationalsozialisten.«

Oder: »Der deutsche Name bleibt für immer geschändet, wenn nicht die deutsche Jugend endlich aufsteht, rächt und sühnt zugleich, ihre Peiniger zerschmettert und ein neues geistiges Europa aufrichtet.«

Sie empfinden schmerzlich die grenzenlose Einsamkeit, in der sie leben müssen: Immer auf der Hut, nie einem Dritten Vertrauen schenken dürfen. Niemand, der je in einem solchen System gelebt hat, kann sich eine Vorstellung von jenem Lebensgefühl machen. Aus ihm, aus dieser gesteigerten Sensibilität, erklärt sich der eschatologische Aspekt, unter dem die Studenten der

Weißen Rose denken und schreiben, aber auch die Unbedingtheit, mit der sie handeln.

Es ist nicht so sehr der politische Kampf gegen eine verbrecherische Regierung, der sie inspiriert – es ist mehr das moralische Ringen mit dem Bösen schlechthin, gegen das man, wie sie sagen, ohne Gott wehrlos ist. Selbst bei ihren abenteuerlichen nächtlichen Unternehmungen, wenn sie zornige Verdammungen an die Häuserwände malen oder ihre Flugblätter ausstreuen, haben sie weniger direkte politische Ziele vor Augen als die Schuld, die auf den Deutschen lastet.

Dies ist wohl das Wesen des echten Widerstandes: die Erkenntnis nämlich, dass man sich nicht auf Institutionen verlassen kann, nicht auf die Kirche, nicht auf die Universitäten, nicht auf Parteien. Es kommt einzig auf den Freiheitswillen des Bürgers an, auf seinen geschärften Humanitätssinn. Man kann sich in solchen Zeiten nur schützen, indem man sich immer wieder auf das Recht des Einzelnen besinnt und auf die überlieferten moralischen Grundsätze metaphysischen Ursprungs.

Man kann sich kaum vorstellen, dass die Untaten, gegen die diese jungen Idealisten und viele andere, die Widerstand geleistet haben, in irgendeinem anderen Land hätten geschehen können. Ich meine diese Eskalation des Verbrechens und die Präzision und Perfektion, mit der sie ausgeübt wurden: die Erfindung industrieller Tötungsmechanismen, die Erforschung und Produktion von spezifischem Gas zur Vernichtung von Menschen, die Erstellung von Fahrplänen für Tausende von Zügen, mit denen die Unglücklichen aus ganz Europa nach Auschwitz transportiert wurden.

Aber vielleicht ist auch die Komplementärgröße typisch deutsch: dieses Hingegebensein mit ganzer Seele an den Widerstand, jenes bedingungslose, opferbereite Festhalten an den höchsten moralischen Maßstäben auch in der äußersten Grenzsituation des Lebens. Die 21-jährige Sophie Scholl, ein scheues junges Mädchen, hat vor dem Volksgerichtshof – ein paar Stunden vor ihrer Hinrichtung – den versammelten roten Roben den Satz ins Gesicht geschleudert: »Unsere Köpfe rollen heute, aber die Ihren rollen auch noch.«

Man muss sich einmal vorstellen, welcher Mut dazu gehörte, vor dem Volksgerichtshof so aufzutreten, wo jede Sitzung damit begann, dass der Vorsitzende die Angeklagten erst einmal lautstark moralisch fertig machte als Vaterlandsverräter, als Leute, die den Brüdern im Felde in den Rücken fallen. Sophies Bruder Hans rief, bevor er am gleichen Tag das Haupt aufs Schafott legte: »Es lebe die Freiheit!«

Schon ein Jahr zuvor, im Frühjahr 1942, schrieb Helmuth von Moltke, der bei der Abwehr im Oberkommando der Wehrmacht dienstverpflichtet war und der daher mehr Informationen hatte als andere: »Die Tyrannei, der Terror, der Zerfall aller Werte ist größer, als ich es mir je hätte vorstellen können. Die Zahl der Deutschen, die im November auf legalem Weg durch Verurteilung vor ordentlichen Gerichten getötet worden sind, beträgt 25 täglich und vor dem Kriegsgericht wenigstens 75 täglich.«

Ähnlich motiviert wie die Münchner Studenten war das Verhalten des damaligen Generalstabschefs Generaloberst Ludwig Beck, der schon im Sommer 1938, als immer deutlicher wurde, dass Hitler die Tschechoslowakei zu überfallen plante, alles tat, um dies zu verhindern. Er rief die Generale zusammen und versuchte, sie zu einem gemeinsamen Schritt bei Hitler zu bewegen und, wenn notwendig, geschlossen zurückzutreten.

Der Chef des Generalstabs wusste, wie schwer der Eid wiegt, den ein Offizier seinem obersten Kriegsherrn geschworen hat, und darum führte er aus: »Ihr soldatischer Gehorsam hat dort eine Grenze, wo Ihr Wissen, Ihr Gewissen und Ihre Verantwortung die Ausführung eines Befehls verbietet.« Beck ermahnte seine Kollegen, als Soldaten in höchster Stellung ihre Aufgabe nicht nur im begrenzten Rahmen militärischer Aufträge zu sehen, sondern sich »der höchsten Verantwortung vor dem gesamten Volk bewusst zu werden«.

Als alles nichts nutzte, auch die Denkschriften an den Oberbefehlshaber des Heeres von Brauchitsch keinen Erfolg hatten, nahm er im August 1938 seinen Abschied mit der Erklärung, er könne die »gefährliche Kriegspolitik« Hitlers nicht länger verantwortlich mittragen. Von da an arbeitete Beck mit dem Widerstand zusammen.

Oberstleutnant Graf Schwerin, der im Generalstab des Heeres die Gruppe England-Amerika leitete, sagte einmal: »Es gab im damaligen Berlin nur zwei geistige Inseln: die Abwehrabteilung im Oberkommando der Wehrmacht unter Admiral Canaris und Major Oster sowie den Kreis um Generaloberst Beck.«

Im Jahr 1938 und vor allem 1939 vor der Polen-Krise waren die Mitglieder der Opposition überzeugt, alles müsse unternommen werden, um Hitler klar zu machen, dass Außenminister Ribbentrops Behauptung, England sei dekadent und werde für Polen nicht kämpfen, absolut falsch war. Darum wurde Schwerin im Juli 1939 auf Veranlassung von Oster und anderen Freunden des Widerstands gebeten, in seinem Urlaub nach England zu gehen, einmal, um sich über die Stimmung zu informieren, und zum anderen, um den entscheidenden Leuten zu erklären, sie müssten Hitler gegenüber ganz anders auftreten. Schwerins Auftrag lautete, den Engländern zu sagen: Schickt ein Flottengeschwader nach Danzig, zeigt dem deutschen Luftwaffenchef eure neu aufgebaute Luftflotte, treibt den Militärpakt mit der Sowjetunion voran, denn das Einzige, was Hitler von weiteren Abenteuern abhalten kann, ist ein drohender Zweifrontenkrieg.

Schwerin bewirkte nichts, die Engländer wollten ihn nicht hören. Als er nach der Rückkehr seinen Bericht dem Oberkommando der Wehrmacht vorlegte, wurde er mit sofortiger Wirkung aus dem Generalstab entlassen, denn auch das Oberkommando wollte nicht hören, was er über die Stimmung in England mitzuteilen hatte.

Das hatte es in der preußisch-deutschen Geschichte noch nicht gegeben: ein Chef des Generalstabs, der die Generale zur Opposition aufruft, und ein Generalstabsoffizier, der sich am Vorabend des Zweiten Weltkriegs über die patriotische Euphorie hinwegsetzt und den angeblichen Feind warnt.

Aber dies alles nützte gar nichts, die draußen versagten sich der Mitwirkung, und drinnen war das Volk noch nicht so weit. Schließlich war 1938 der Höhepunkt von Hitlers Erfolgen: Österreich war zur Freude der begeisterten Österreicher angegliedert worden. Später im Jahr folgte, ohne dass ein Schuss abgegeben wurde, das Sudetenland, wo drei Millionen Deutsche lebten. Und schließlich: Hatte es 1933 noch sechs Millionen Arbeitslose gegeben, so herrschte jetzt praktisch Vollbeschäftigung.

Hitler versäumte nicht, am 30. Januar 1939, also am sechsten Jahrestag seiner Machtergreifung, sich damit zu brüsten. In einer Rede vor dem Reichstag sagte er: »Am 30. Januar 1933 zog ich in die Wilhelmstraße ein, erfüllt von tiefer Sorge für die Zukunft meines Volkes. Heute, sechs Jahre später, kann ich zu dem ersten Reichstag Großdeutschlands sprechen! Sechs Jahre genügten, um die Träume von Jahrhunderten zu erfüllen.« Und in der Tat, er hatte, wie es damals hieß, »die Ketten von Versailles abgeschüttelt«, und er hatte ein Wirtschaftswunder geschaffen, das dem späteren Ludwig Erhards keineswegs nachstand.

Der Theologe Dietrich Bonhoeffer hat später in einem Brief aus dem Gefängnis geschrieben: »Die große Maskerade des Bösen hat alle ethischen Begriffe durcheinander gewirbelt. Dass das Böse in der Gestalt des Lichts, der Wohltat, des geschichtlich Notwendigen, des sozial Gerechten erscheint, ist für den aus unserer tradierten, ethischen Begriffswelt Kommenden schlechthin verwirrend; für den Christen dagegen, der aus der Bibel lebt, ist es geradezu die Bestätigung der abgründigen Bosheit des Bösen.«

Maskerade ist ein richtiges Stichwort. Eugen Kogon, der Verfasser des »SS-Staates«, der aus langjähriger KZ-Erfahrung die erste, noch immer unübertroffene Analyse der nazistischen Herrschaft geschrieben hat, schildert einprägsam jene Mischung aus Terror und pseudoreligiöser Verheißung. Einerseits wurde an alle positiven Instinkte appelliert: an Glaube, Opferbereitschaft, Gehorsam, Hingabe, Treue. Diejenigen, die Gefolgschaft leisteten, wurden mit großen Privilegien belohnt, ihnen waren Anerkennung und Ehre, Einfluss und Reichtum sicher. Den anderen, den Ungläubigen und Verrätern und denen, die Widerstand leisteten, wurde mit Terror nicht nur gedroht, an ihnen wurden alle Schrecken des Terrors praktiziert: Haussuchungen, Diffamierungen, Deklassierung, Verfolgung, Sippenhaft, Folter, Tod.

Die Höhe der Strafe entsprach dabei reiner Willkür – es gab keine festgelegten Normen, wodurch der psychische Terror noch erhöht wurde. Man musste mit allem rechnen: Ein katholischer Geistlicher wurde hingerichtet, weil er den Attentatsplan, von dem er durch die Beichte erfahren hatte, nicht zur Anzeige gebracht hatte.

Kogon sagt: »An den Missbrauch der Macht gewöhnt sich der Mensch – wenn die Mitmenschen es zulassen – so rasch wie der Automobilist ans Schnellfahren.« Darum, so möchte man hinzufügen, sind wahrscheinlich die Mitläufer viel gefährlicher als die Radikalen, von denen es ja immer nur wenige gibt.

Der Maskerade, also einer Tarnung der Verbrecher als Wohltäter, entsprach auf Seiten der Opposition die Doppelrolle: einerseits hoher Beamter oder Politiker und andererseits heimliches Mitglied des Widerstandes. Unter dieser Schizophrenie, diesem Verlust an Identität, haben die meisten sehr gelitten. Trott hat darüber geklagt, und Moltke schreibt in seinen Briefen, wie ihn diese unsinnige Existenz anwidert, bei der er, um anderer Ziele willen, diesem Verbrechersystem dienen muss.

Es ist wichtig, sich vor Augen zu halten, dass die

Opposition gegen Hitler ja keine Revolte im Sinne einer politischen Revolution war und auch keine Arbeitererhebung im Sinne einer sozialen Revolution – es war vielmehr der Aufstand hoher und höchster Beamter sowie angesehener Persönlichkeiten des öffentlichen Lebens, die aus moralischen Gründen den Verbrechern in den Arm zu fallen versuchen. Denn das war sehr bald klar geworden: Ein totalitäres System kann im Frieden nur von innen bekämpft werden; und Erfolg kann ein solches Unterfangen nur haben, wenn auch Leute, die an den Schaltstellen der Macht sitzen, zum Widerstand gehören.

Neben den Technokraten, die die Hebel bedienen, waren auch Vertreter des geistigen Establishments unentbehrlich, weil das Sich-bewusst-Werden über die religiösen und philosophischen Grundfragen der menschlichen Existenz und Probleme wie das des Tyrannenmordes für die Opposition zur Rechtfertigung ihres Tuns von großer Bedeutung waren.

Es gab in Berlin eine Einrichtung, die schon aus dem 19. Jahrhundert stammte, die so genannte »Mittwochsgesellschaft«. Ihr gehörten jeweils nur 16 Mitglieder an: die bedeutendsten Wissenschaftler des Landes sowie angesehene Persönlichkeiten des öffentlichen Lebens. Man traf sich zweimal im Monat, wobei einer von ihnen über sein Spezialgebiet referierte.

Von diesen 16 Persönlichkeiten sind vier von den Nazis hingerichtet worden, und zwar General Ludwig Beck, Finanzminister Popitz, Botschafter von Hassell und der frühere Leipziger Oberbürgermeister Goerdeler. Ein fünfter, der Universitätsprofessor Werner Weißbach, wurde zur Emigration gezwungen, mit der bemerkenswerten Begründung, für Leben und Zukunftsentwicklung des deutschen Volkes sei es wichtig, die Verbundenheit der Art und des Blutes zu pflegen – wörtlich hieß es: »Durch Ihre Eigenschaft als Nichtarier sind Sie außerstande, eine solche Verpflichtung zu empfinden und anzuerkennen.«

Der Widerstand im Dritten Reich war eine Sache der Qualität, nicht der Quantität. Aber es ist interessant, sich ein paar Zahlen zu vergegenwärtigen. Insgesamt wurden nach dem 20. Juli 1944 etwa 200 Personen hingerichtet, darunter 19 Generale, 26 Obersten und Oberstleutnants, zwei Botschafter, sieben weitere Diplomaten, ein Minister, drei Staatssekretäre sowie der Chef der Reichskriminalpolizei, ferner mehrere Oberpräsidenten, Polizeipräsidenten, Regierungspräsidenten. Für das Jahr 1943 hat das Justizministerium 5 684 Hinrichtungen registriert, für 1944: 5 764. Doch sind dies nur die offiziellen Exekutionen; daneben gab es auch halboffizielle und inoffizielle.

Die Ansichten der verschiedenen Gruppen des Widerstands, die aus Sicherheitsgründen keine Verbindung untereinander hatten, meist auch nicht voneinander wussten, waren nicht einhellig. Helmuth von Moltke, Peter Graf Yorck und einigen anderen im Kreisauer Kreis fiel der Gedanke schwer, dass die neue Zeit, die doch neue Maßstäbe setzen wollte, mit einem Mord beginnen sollte. Die Kreisauer waren darum nicht auf das Attentat ausgerichtet, sondern ganz konzentriert auf die Zeit nach Hitlers Tod.

In ihren Denkschriften, Briefen und Gesprächen werden die Umrisse einer neuen Lebensform – nach der wir im Grunde heute noch suchen – deutlich.

Wollte man sie charakterisieren, so würden die Stichworte wohl lauten: Skepsis gegen den technischen Fortschritt, Vorbehalte gegen den Kapitalismus, Verschmelzung von konservativen und sozialistischen Werten, betont religiöse Bindungen, asketische Lebensformen, Hoffnungen auf einen europäischen Zusammenschluss. Bei den Plänen zur staatlichen Neuordnung fiel immer wieder das Wort: »überschaubare Einheiten« schaffen, also Dezentralisierung.

Die große Schwierigkeit für die Opposition war während der ganzen Zeit das richtige »timing«. Solange Hitler auf allen Schlachtfeldern siegte, hätte der Versuch, ihn auszuschalten, nur eine neue Dolchstoßlegende gezeitigt. Man musste also warten, bis das Blatt sich wendete – aber man durfte nicht warten, bis die Alliierten das Interesse an Verhandlungen mit dem Widerstand verloren, weil sie ohnehin kurz vor dem Sieg standen.

Als Hitler am 30. Januar 1933 die Macht übertragen bekam, war es im Grunde schon zu spät. Frage: Hätte man mithin schon in der Weimarer Zeit, also vor Eintritt des Zustands berechtigter Notwehr, Widerstand leisten müssen?

Noch einmal: Wo ist die Grenze zwischen der Gehorsamspflicht, die wir ja dem Staat schulden, der das Gewaltmonopol besitzt, und dem Recht auf Widerstand? Niemand hat darüber so viel nachgedacht und geschrieben wie Martin Luther. Luther, der im 16. Jahrhundert in der Zeit der großen sozialpolitischen Auseinandersetzungen zwischen Bauern und Rittern, Städten und Fürsten, Kirchen und Kaiser lebte, wurde durch seinen Ablass-Streit zwangsläufig in diese Kämpfe hineingezogen. Die einen wie die anderen machten sich seine Argumentation zur Zustimmung oder Ablehnung zu Nutze.

Von 1521 bis 1546, also 25 Jahre lang, lebte er als Verfolgter und Aufrührer, von der Kirche gebannt, vom Kaiser geächtet. In all seinen Schriften geht es immer wieder um das Problem des Widerstands, wobei er – je nach den Zeitläuften und je nach der Herausforderung – zwischen dem Recht auf gewaltsamen Widerstand bis hin zum Tyrannenmord und dem Gebot der Gewaltlosigkeit und der Leidensbereitschaft schwankt. Luther fordert Zivilcourage als politische Grundtugend.

Das entscheidende Stichwort heißt also Zivilcourage. In der heutigen Massengesellschaft, die nach dem Gesetz des Konformismus angetreten ist, so dass selbst die erklärten Nonkonformisten sich in Kleidung, Denken und Gebräuchen streng konformistisch verhalten, ist dies eine seltene Qualität. Natürlich haben die Massenmedien unserer Zeit die Neigung zum Konformismus ganz außerordentlich verstärkt, gleichgültig, ob es sich um Moden in der Kunst, im Bereich bestimmter sozialer Emotionen, um philosophische Ideen oder auch um das handelt, was heute fälschlicherweise »Widerstand« genannt wird. Es gehört Mut dazu, eben Zivilcourage, auch in diesen Bereichen eine abweichende Meinung zu vertreten und gegen den Strom zu schwimmen.

Der echte, existentielle Widerstand allerdings wird immer nur eine Sache von Einzelnen sein, denn er beruht auf Gewissensentscheidungen; und das Kriterium für die Frage, wann er berechtigt ist, muss, so scheint mir, unabhängig vom Nutzen für das eigene Ich sein. Mit anderen Worten, er muss dem Gemeinwohl dienen. Stauffenberg hat einmal im Hinblick auf die Beseitigung

Hitlers gesagt: »Wird die Regierungsgewalt zum offensichtlich schweren Schaden des regierten Volkes missbraucht und ist kein anderer Weg offen, noch Schlimmerem vorzubeugen, so gibt es eine Pflicht zum Hochverrat für diejenigen, die nach ernster Prüfung sich dazu berufen fühlen. Sie dürfen ihrer Verantwortung nicht ausweichen, auch wenn sie in verschwindender Minderheit sind gegenüber den vom Wahn umstrickten Vielen.«

Denkt man noch einmal an Weimar zurück und an die Frage, hätte man schon damals Widerstand leisten sollen, so muss man in der Tat feststellen, dass der Umschlag vom Rechtsstaat zum Unrechtsstaat nicht an einem bestimmten Tage – beispielsweise am 30. Januar 1933 – stattfand, sondern sich in einem längeren Prozess bereits vorher angebahnt und vollzogen hatte.

Seit 1930 war die sich auflösende Demokratie allmählich in ein autoritäres Regime übergegangen, das mit Notverordnungen ohne parlamentarische Mehrheit regierte. Der Geist, in dem in Weimar Rechtsprechung praktiziert wurde, entsprach längst nicht mehr der Verfassung. Politische Rechtsverletzungen, von Linken begangen, wurden schwer geahndet, Verstöße von Rechten dagegen mit schonender Milde behandelt. Niemand fühlte sich dieser Demokratie verpflichtet: die Beamten nicht, die Soldaten auch nicht und das Establishment schon gar nicht.

Notwendig ist also, dass unterhalb der Schwelle des großen Widerstandes jede Abirrung vom Rechtsstaat sozusagen mit konventionellen Mitteln bekämpft wird. Veranlassung dazu ist stets gegeben. Denn die Grenzen zwischen Rechtsstaat und Unrechtsstaat sind fließend, weil Politiker, wie andere Menschen auch, nun einmal fehlbar sind.

Der Rechtsstaat ist kein Endzustand, der, einmal erreicht, als gesicherter Besitz gelten kann. Im Gegenteil, er muss immer wieder verteidigt werden. Darum kommt es auf die staatsbürgerliche Haltung jedes Einzelnen an: auf Mut zu unerwünschter Kritik, Aufdeckung von staatlicher Anmaßung, Misstrauen gegenüber den Mächtigen und den Interessenvertretern, aber auch auf die Bereitschaft, sich als reaktionär bezeichnen zu lassen, wenn man sich weigert, angeblich progressive Unternehmungen mitzumachen, wozu oft mehr Mut gehört als dazu, die so genannten Mächtigen anzugreifen. Auch das ist Zivilcourage.

Was die Leser
bewegte

Ritt gen Westen

20. März 1945: »Ankunft in V.« steht in meinem Notizbuch. Ein Jahr ist das nun schon her, seit ich in Vinsebeck, einem kleinen Ort in Westfalen, ankam, um dort mein braves Pferd, das mich treu und nimmermüde von Ostpreußen in den Westen getragen hat, in einem Gestüt bei Freunden einzustellen.

Am 21. Januar hatten wir uns zusammen auf den Weg gemacht, spät am Abend durch einen von den Ereignissen schon fast überholten Räumungsbefehl alarmiert und von dem immer näher rückenden Lärm des Krieges zur Eile getrieben. In nächtlicher Dunkelheit die Wagen packen, die Scheunentore öffnen, das Vieh losbinden – das alles geschah wie im Traum und war das Werk weniger Stunden.

Und dann begann der große Auszug aus dem gelobten Land der Heimat, nicht wie zu Abrahams Zeiten mit der Verheißung »in ein Land, das ich dir zeigen werde«, sondern ohne Ziel und ohne Führung hinaus in die Nacht.

Aus allen Dörfern, von allen Straßen kommen sie zusammen: Wagen, Pferde, Fußgänger mit Handwagen, Hunderte, Tausende; unablässig strömen sie von Nord und Süd zur großen Ost-West-Straße und kriechen langsam dahin, Tag für Tag, so als sei der Schritt des Pferdes das Maß der Stunde und aller Zeiten.

Fremd sind die Flieger am Himmel, fremd das Donnern der Geschütze und fremd das Lärmen der Panzerketten, die an uns vorüberrasseln. Schritt für Schritt geht es weiter durch die eisigen Schneestürme des Ostens. Die Nächte gehen dahin auf den Landstraßen an Feuern oder in den Scheunen verlassener Höfe, und der dämmernde Morgen bringt immer das gleiche Bild. Kinder sterben, und Alte schließen die Augen, in denen angstvoll die Sorgen und das Leid von Generationen stehen.

Woche um Woche verrinnt. Hinter uns brandet das Meer der Kriegswellen, und vor uns reiht sich Wagen an Wagen in endloser Folge – es gibt nur noch den Rhythmus des Pferdeschrittes, so wie er unbeirrt durch die Jahrtausende gegangen ist. Ist es der Auszug der Kinder Israel, ist es ein Stück Völkerwanderung, oder ist es ein lebendiger Fluss, der gen Westen strömt, gewaltig anwachsend – »Bruder, nimm die Brüder mit«?

Aus allen Ländern und Provinzen, durch die der Fluss sich wälzt, streben sie ihm zu, neue Ströme von Wagen und Menschen. Die Dörfer bleiben verwaist zurück, in Pommern, in der Mark und in Mecklenburg, und der Zug wächst, und die Kette wird immer länger; längst fahren zwei und drei Fahrzeuge nebeneinander und sperren die ganze Breite der Straße. Aber was tut es, sie haben alle den gleichen Weg – gen Osten fährt keiner mehr. Nur die Gedanken gehen täglich dorthin zurück, all diese vielen herrenlosen Gedanken und Träume. Niemand spricht, man sieht keine Tränen und hört nur das Knarren der allmählich trocken werdenden Räder.

Viele Marksteine der östlichen Geschichte standen an dem endlosen Wege: die Marienburg, das Schloss Varzin, die Festung Kolberg. Nogat, Weichsel, Oder und Elbe haben wir überquert, und allmählich, Eis und Schnee zurücklassend, ziehen wir mit dem aufblühenden Frühling durch das Schaumburger Land; und nun ist auch langsam der Strom der wandernden Flüchtlinge verebbt und irgendwo in neue Häfen und enge Stätten der Zuflucht eingemündet.

Ich bin schließlich ganz allein mit dem braven Fuchs bei Rinteln über die Weserbrücke geritten, vorbei an Barntrup, einem kleinen Städtchen, aus dessen Mitte ein schönes Renaissanceschloss emporsteigt. Vor mir liegt ein bewaldeter Höhenzug, und dahinter muss auch bald das Ziel unserer Reise zu finden sein. Wie die Slalomspur eines Schiläufers ist der Weg in großen Schleifen in den Buchenhang eingeschnitten, über dem schon ein leiser Schimmer von Grün liegt. Wir steigen gemächlich bergan, es ist ein schöner Vorfrühlingstag, die Drosseln schlagen, und ein sanfter Wind treibt die Wolken über die warme Frühlingssonne. Plötzlich, als wir in die letzte Kurve der Straße einbiegen, steht droben an dem Kamm eine einsame Gestalt, wie ein Monument vor dem hellen Himmel. Seltsam fremd in dieser Landschaft und doch auch wieder vertraut: Das Bild eines alten Mannes, grau, verhungert, abgerissen in seiner Kleidung, auf dem Rücken einen Sack, der die letzte Habe birgt, in der Hand einen Stab – so steht er wie einer jener Hirten, die zu Homers Zeiten ihre Schafe weideten, und sieht mit weltverlorenem, zeitlosem Blick in die blaue Weite des Tals. Mir kommt das Bild des Rilkeschen Bettlers auf dem Pont Neuf in den Sinn: »Der blinde Mann, der auf der Brücke steht, / grau wie ein Markstein namenloser Reiche, / er ist vielleicht das Ding, das immer gleiche, / um das von fern die Sternenstunde geht.«

Ich wage nicht, ihn zu stören, und grüße ihn nur, wie man ein Kreuz grüßt, das am Wege steht, voller Ehrfurcht und nicht Antwort heischend.

Und dann bietet sich mir ein unfassliches Bild: Den Berg herauf, uns entgegen, kommen sie gewandert, viele solcher Gestalten, manchmal zwei oder drei, die gemeinsam ziehen und das Los der Landstraße miteinander teilen, aber meist sind es einzelne, durch den Krieg nicht nur der Habe und der Zuflucht beraubt, sondern auch der tröstlichen Gemeinschaft vertrauter Menschen. Grau, elend, abgehärmt sind ihre Gesichter, voller Spuren angsterfüllter Bunkernächte, aber aus ihren Augen ist die Furcht längst geschwunden, stumpfe Hoffnungslosigkeit ist eingezogen.

Ist das noch Deutschland, dieses Fleckchen Erde, auf dem sich Ost und West begegnen, ratlos, ohne Heimat und Ziel, zusammengetrieben wie flüchtendes Wild in einem Kessel? Ist dies das »tausendjährige Reich«: Ein Bergeskamm mit ein paar zerlumpten Bettlern darauf? Ist das alles, was übrig blieb von einem Volk, das auszog, die Fleischtöpfe Europas zu erobern? Wie klar und deutlich ist die Antwort zu lesen: »Denn wir haben hier keine bleibende Statt, aber die zukünftige suchen wir.«

(DIE ZEIT vom 21. März 1946)

Die Männer des 20. Juli

Das deutsche Volk hat in den zwölf Jahren der Hitler-Regierung alle Werte eingebüßt, die in Generationen geschaffen worden waren; es ist nicht nur um seine Zukunft betrogen worden, sondern auch um das Bewusstsein seiner Vergangenheit, um seine Erinnerungen – jene Urkräfte, aus denen alles neue Leben Gestalt gewinnt. Wenn wir zurückblicken und die Geschichte dieser Jahre überschauen, die für die Jüngeren unter uns das Leben ausmachten, dann waren es Enttäuschung, Schuld, Verzweiflung, Ströme von Blut, die uns wie ein unüberwindliches Meer von dem Gestern trennen. Und doch hat es daneben noch etwas anderes gegeben, das viele von uns nicht kennen, weil Hitler dafür gesorgt hat, dass die Erkenntnis von diesem Besitz nicht in das Bewusstsein des Volkes einging: Das ist der Geist des »geheimen Deutschland«.

In die Millionen geht die Zahl der Juden, Ausländer und politisch Diskreditierten, die eingekerkert, gequält und liquidiert wurden. Hätte nicht einer von denen, die den vielen Widerstandsgruppen angehörten, den Mut finden können, Hitler zu beseitigen? Die Abwegigkeit dieser Vorstellung wird schon bei der Formulierung der Frage deutlich – es fehlte nicht an Mut, sondern einfach an der Möglichkeit, ihn zur Tat werden zu lassen, denn fast unvorstellbar ist das undurchdringliche Netz von Sicherungsmaßnahmen, mit dem Hitler umgeben war. Hieraus folgt, dass man ebenso wenig, wie man an der ernsthaften Bereitschaft derjenigen Gruppen zweifeln kann, die trotz jahrelanger Opposition nie »zum Zuge« kamen, die Tat der Männer vom 20. Juli, die als Einzige wirklich handelten, nach dem Erfolg, also nach dem Nichtgelingen ihres Umsturzversuchs beurteilen darf. Für die politische Geschichte mag entscheidend sein, dass das Attentat misslang. Für das deutsche Volk und seine geistige Geschichte ist wichtig, dass es diese Männer gegeben hat.

»Eine kleine Clique ehrgeiziger Offiziere« hatte Hitler sie genannt. Das Wort war so stark und das Bild so einprägsam, dass es gelang, mit dieser bewussten Fälschung die Vorstellung der Menschen, vielfach bis zum heutigen Tage, zu formen, sowohl in antifaschistischen wie auch – unter dem Begriff des »Verrats« – in reaktionären Kreisen. Die zehn Monate, die Hitler nach diesem Ereignis zur Vollendung seines Zerstörungswerkes noch blieben, genügten, alles zu vernichten und auszulöschen, was mit jenem Tag im Zusammenhang stand.

So hat das deutsche Volk nie erfahren, dass sich in jener Bewegung noch einmal die besten Männer aller Bevölkerungsschichten, die letzten positiven Kräfte eines völlig ausgebluteten Landes zusammengefunden hatten. Die Not der Stunde, die Verzweiflung über das Ausmaß an Verbrechen, Schuld und Unheil, die der Nationalsozialismus über Deutschland gebracht und weit hinaus in die Welt getragen hatte, führten diese Männer zu einer letzten großen Kraftanstrengung zusammen.

Die führenden Persönlichkeiten der Gewerkschaften und der Sozialisten, Vertreter der beiden christlichen Kirchen und jene Offiziere der Wehrmacht, die das eigene Urteil und die Stimme des eigenen Gewissens über den blinden Gehorsam stellten, zahlreiche Vertreter des Adels und des Bürgertums, verantwortungsbewusste Beamte bis hinauf zum Minister und Botschafter, sie alle waren bereit, ihr Leben einzusetzen, um Deutschland von der Verbrecherbande zu befreien, die das Reich regierte. Jahrelang hatte man systematisch an den Plänen der politischen und kulturellen Reorganisation eines befreiten Deutschland gearbeitet und jahrelang die Vorbereitung für den Umsturz und das Attentat immer wieder hinausschieben und alle Pläne entsprechend der jeweils neuen Situation immer wieder verändern müssen.

Alle Gedanken und Pläne zum Neuaufbau Deutschlands hatten eine gemeinsame Grundlage und stellten in allen Lebensbezirken die gleiche Forderung in den Mittelpunkt: die geistige Wandlung des Menschen, die Absage an den Materialismus und die Überwindung des Nihilismus als Lebensform. Der Mensch sollte wieder hineingestellt werden in eine Welt christlicher Ordnung, die im Metaphysischen ihre Wurzeln hat, er sollte wieder atmen können in der ganzen Weite des Raumes, die zwischen Himmel und Erde liegt, er sollte befreit werden von der Enge einer Welt, die sich selbst verabsolutiert, weil Blut und Rasse und Kausalitätsgesetz ihre letzten Weisheiten waren. Und eben damit waren diese Revolutionäre weit mehr als nur die Antipoden von Hitler und seinem unseligen System; ihr Kampf ist darum neben der aktuellen Bedeutung für das Zeitgeschehen unserer Tage auf einer höheren Ebene der Versuch gewesen, das 19. Jahrhundert geistig zu überwinden.

Die Vorstellung von diesem neuen Deutschland war geboren aus dem Gefühl höchster Verantwortung für das Schicksal des Volkes. Auch wer mit den skizzierten Ideen nicht übereinstimmt, wird die geistige Haltung spüren, die dahinterstand, und die ganze Verwirrung einer Zeit ermessen können, die solche Männer als ehrlose Verräter und Verbrecher hinrichtete.

Eines der letzten Zeugnisse ihrer auch durch Kerker und Folterung unveränderten Gesinnung war ein Abschiedsgruß an die Freunde, geschrieben zwischen Verurteilung und Exekution – im Bunker des Volksgerichtshofes im Februar 1945. Sein Schluss lautet so:

»Ach Freunde, dass die Stunde nicht mehr schlug und der Tag nicht mehr aufging, da wir uns offen und frei gesellen durften, zu dem Wort, dem wir innerlich entgegenwuchsen. Bleibt dem stillen Befehl treu, der uns innerlich immer wieder rief. Behaltet dieses Volk lieb, das in seiner Seele so verlassen, so verraten und so hilflos geworden ist und im Grunde so einsam und ratlos, trotz all der marschierenden und deklamierenden Sicherheit. Wenn durch einen Menschen ein wenig mehr Liebe und Güte, ein wenig mehr Licht und Wahrheit in der Welt war, hat sein Leben einen Sinn gehabt.«

(DIE ZEIT vom 18. Juli 1946)

17. Juni 1953:
Die Flammenzeichen rauchen

Als die Pariser am 14. Juli 1789 die Bastille stürmten, wobei sie 98 Tote zu beklagen hatten und nur sieben Gefangene befreiten, ahnten sie nicht, dass dieser Tag zum Symbol für die Französische Revolution werden würde. Er wurde es, obgleich alle wesentlichen Ereignisse: die Erklärung der Menschenrechte, die Ausarbeitung der neuen Verfassung, die Abschaffung der Monarchie zum Teil erst Jahre später erfolgten.

Der 17. Juni 1953 wird einst und vielleicht nicht nur in die deutsche Geschichte eingehen als ein großer, ein symbolischer Tag. Er sollte bei uns jetzt schon zum Nationaltag des wiedervereinten Deutschland proklamiert werden. Denn an diesem 17. Juni hat sich etwas vollzogen, was wir alle für unmöglich hielten. Hatte nicht schon Nietzsche gesagt: »Wer aber erst gelernt hat, vor der Macht der Geschichte den Rücken zu krümmen und den Kopf zu beugen, der nickt zuletzt chinesenhaft-mechanisch sein ›Ja‹ zu jeder Macht ... und bewegt seine Glieder in dem Takt, in dem irgendeine Macht am Faden zieht.« Hatten wir nicht längst resigniert vor der Macht des totalitären Apparates, gegen den jede Auflehnung zwecklos sei? Hatten nicht viele jene Jugend für verloren angesehen, die im totalen Staat Hitlers geboren und im totalen Staat der SED herangewachsen war? Und nun?

Nun kam der 17. Juni. Am Morgen hatten ein paar Bauarbeiter in der Stalinallee in Berlin gegen die Erhöhung der Arbeitsnorm revoltiert. Spontan kam ein Protestmarsch zu Stande, ohne eigentliches Ziel zunächst und ohne jegliche Organisation. Hunderte stießen dazu, bald waren es Tausende, Zehntausende und mehr. Nach 24 Stunden stand Ostberlin im offenen Aufruhr, ohne Waffen, mit Steinen und Stangen gingen die Arbeiter gegen die russischen Panzer vor. In Leipzig brannten die Leuna-Werke, in Magdeburg wurde das Zuchthaus gestürmt ... Streik auf den Werften, Streik bei Zeiss-Jena, auf allen Bahnstrecken, in den Kohlen- und Uranbergwerken. Staatseigene Läden, Polizeistationen und Propagandabüros standen in Flammen. Die Volkspolizei ließ sich teilweise widerstandslos entwaffnen. Eine aus Magdeburg geflüchtete Arbeiterin berichtete über den Sturm der Magdeburger auf das Volkspolizeipräsidium. Die Volkspolizisten hätten die Tore geöffnet, ihre Waffen übergeben und die Uniformröcke ausgezogen. »Ich sah, wie Offiziere der Volkspolizei, die dem Vordringen der Arbeiter Widerstand entgegensetzten, aus den Fenstern des ersten Stocks geworfen und verprügelt wurden.«

Als Demonstration begann's und ist eine Revolution geworden! Die erste wirkliche deutsche Revolution, ausgetragen von Arbeitern, die sich gegen das kommunistische Arbeiterparadies empörten, die unbewaffnet, mit bloßen Händen, der Volkspolizei und der Roten Armee gegenüberstanden und die jetzt den sowjetischen Funktionären ausgeliefert sind. Straße für Straße und

174

Haus für Haus wird jetzt durchsucht nach Provokateuren und Personen, die sich nicht dort aufhalten, wo sie gemeldet sind. Allein in Ostberlin befanden sich nach dem Aufstand mehrere tausend Personen in Haft, zum Teil in Schulen, die provisorisch in Gefängnisse umgewandelt worden sind. Sehr viele ganz Junge sind dabei. In einer Liste von »überführten Provokateuren«, die das SED-Organ veröffentlichte, gehört die Mehrzahl den Jahrgängen von 1933 bis 1935 an. Das ist die Jugend, von der man uns glauben machen wollte, sie habe den Sinn für die Freiheit verloren.

Es ist Blut geflossen – vielleicht sehr viel Blut. Der Ausnahmezustand wurde verhängt, und dort, wo bisher die kommunistischen Bürgermeister herrschten, regieren wieder wie 1945 die Rotarmisten. Der Ostberliner Bürgermeister Ebert stellte fest: »Unsere sowjetischen Freunde haben durch ihr energisches und mit großer Umsicht geführtes Eingreifen uns und der Sache des Friedens einen großen Dienst geleistet.« Das ist die einzige Stimme aus dem Kreise der »deutschen« Regierungsfunktionäre, gegen die der Aufstand sich in erster Linie richtete. Also eine Revolution, die zu nichts geführt hat?

Nein, so ist es nicht. Diese Revolution hat im Gegenteil ein sehr wichtiges Ergebnis gehabt. Das, was der britischen Diplomatie und den amerikanischen Bemühungen nicht gelungen war, das haben die Berliner Arbeiter fertig gebracht: Sie haben am Vorabend der Vierer-Verhandlungen im Angesicht der ganzen Welt offenbar werden lassen, auf wie schwachen Füßen die Macht im Kreml und seiner Werkzeuge in Ostdeutschland steht. Es ist offenbar geworden, dass mit dem richtigen Instinkt für die Schwächemomente des totalitären Regimes man selbst diesem schwere Schläge versetzen kann – ganz zu schweigen davon, dass dieses System in vollem Umfang: politisch, wirtschaftlich und psychologisch Schiffbruch erlitten hat. Und schließlich ist für alle noch eines ganz eindeutig klargeworden, dass nämlich jetzt die Einheit Deutschlands die wichtigste Etappe in der weiteren politischen Entwicklung sein muss.

Jener 17. Juni hat ein Bild enthüllt, das nicht mehr wegzuwischen ist: die strahlenden Gesichter jener Deutschen, die seit Jahren in Sorge und Knechtschaft lebten und die plötzlich, wie in einem Rausch, aufstanden, die fremden Plakate herunterrissen, die roten Fahnen verbrannten, freie Wahlen zur Wiedervereinigung forderten … Und die nun wieder schweigend, von neuen Sorgen erfüllt, an ihre Arbeitsstätten wandern. Manch einem in der Bundesrepublik mag erst in diesen Tagen klargeworden sein, dass das, was dort drüben geschieht, uns alle angeht. Der 17. Juni hat unwiderlegbar bewiesen, dass die Einheit Deutschlands eine historische Notwendigkeit ist. Wir wissen jetzt, dass der Tag kommen wird, an dem Berlin wieder die deutsche Hauptstadt ist. Die ostdeutschen Arbeiter haben uns diesen Glauben wiedergegeben, und Glauben ist der höchste Grad der Gewissheit.

(DIE ZEIT vom 25. Juni 1953)

Ein Kreuz auf Preußens Grab

Nun ist der Vertrag über die Oder-Neiße-Grenze fertig ausgehandelt. Bald werden die Vertreter Bonns und Warschaus ihn unterzeichnen. Und dann wird es hier und da heißen, die Regierung habe deutsches Land verschenkt – dabei wurde das Kreuz auf Preußens Grab schon vor 25 Jahren errichtet. Es war Adolf Hitler, dessen Brutalität und Größenwahn 700 Jahre deutscher Geschichte auslöschten. Nur brachte es bisher niemand übers Herz, die Todeserklärung zu beantragen oder ihr auch nur zuzustimmen.

Heimat ist für die meisten Menschen etwas, das vor aller Vernunft liegt und nicht beschreibbar ist. Etwas, das mit dem Leben und Sein jedes Heranwachsenden so eng verbunden ist, dass dort die Maßstäbe fürs Leben gesetzt werden. Für den Menschen aus dem Osten gilt das besonders. Wer dort geboren wurde, in jener großen einsamen Landschaft endloser Wälder, blauer Seen und weiter Flussniederungen, für den ist Heimat wahrscheinlich doch noch mehr als für diejenigen, die im Industriegebiet oder in Großstädten aufwuchsen.

Die Bundesrepublik mit ihrer offenen Gesellschaft und der Möglichkeit, in ihr menschlich und ziemlich frei zu leben, ist ein Staat, an dem mitzuarbeiten und den mitzugestalten sich lohnt – aber Heimat? Heimat kann sie dem, der aus dem Osten kam, nicht sein.

Dort im Nordosten, wo meine Familie Jahrhunderte lang gelebt hat – und dies sei nur erwähnt, weil es das Schicksal von Millionen Menschen verdeutlicht –, dort im Raum zwischen Weichsel und Peipussee stand nicht wie im Westen die Loyalität zum Lehnsherrn an erster Stelle, sondern die Verwobenheit mit dem Lande. Wer beim häufigen Wechsel jeweils die Oberherrschaft ausübte: Der Orden, die Polen, Schweden, Dänen, Russen oder Preußen, das war nicht das Entscheidende. Entscheidend war es, festzuhalten am Grund und Boden, der Landschaft zugeordnet zu sein.

Friedrich der Große hat es den ostpreußischen Ständen nie verziehen, dass sie, als ganz Ostpreußen während des Siebenjährigen Krieges von den Russen besetzt war, der Zarin Elisabeth gehuldigt hatten – obgleich dies doch das Vernünftigste war, was sie tun konnten. Erst während der letzten hundert Jahre, als der Geist des Nationalismus alle Beziehungen zu vergiften begann, wurde alles anders.

Seit nun die Deutschen aus ihrer Heimat östlich von Oder und Neiße vertrieben wurden, hat es mit jenem Wechsel der Herrschaft ein Ende. Jetzt ist das Land polnisch. Fast die Hälfte aller heute in den alten deutschen Gebieten lebenden Menschen wurde bereits dort geboren. Die Polen haben, wie auch die Tschechen in Böhmen, ohne Erbarmen reinen Tisch gemacht. Nie zuvor hatte jemand im Osten versucht, sich dadurch in den endgültigen Besitz von Ländern und Provinzen zu setzen, dass er acht Millionen Menschen aus ihrer Heimat vertrieb. Aber wer könnte es den Polen verdenken? Nie zuvor war ja auch einem Volk so viel Leid zugefügt worden wie ihnen während des »Dritten Reiches«.

Der von Hitler eingesetzte Generalgouverneur Hans Frank, der zusammen mit der SS die polnische Bevölkerung tyrannisierte, sie deportierte und in die Gaskammern schickte, hat einmal in einer Ansprache die Ziele der Nazis verdeutlicht: »Kein Pole soll über den Rang eines Werkmeisters hinauskommen. Kein Pole wird die Möglichkeit erhalten können, an allgemeinen staatlichen Anstalten sich eine höhere Bildung anzueigen. Ich darf Sie bitten, diese klare Linie einzuhalten!« Und weiter: »Was wir jetzt als Führungsschicht in Polen festgestellt haben, das ist zu liquidieren; was wieder nachwächst, ist von nun an sicherzustellen und in einem entsprechenden Zeitraum wieder wegzuschaffen ... Wir brauchen diese Elemente nicht erst in die Konzentrationslager des Reiches abzuschleppen; denn dann hätten wir Scherereien und einen unnötigen Briefwechsel mit den Familienangehörigen, sondern wir liquidieren die Dinge im Lande.«

Der »Führerbefehl« nach dem Warschauer Aufstand im Herbst 1944 hatte gelautet, die Stadt dem Erdboden gleichzumachen. Und die SS ließ es an Gründlichkeit und Brutalität wahrhaftig nicht fehlen. Als sie abzog, hausten nur noch 2 000 Menschen in den Höhlen und Trümmern der einstigen Millionenstadt.

Wer sich bei uns nach alledem noch weigert, die Realität der Oder-Neiße-Grenze anzuerkennen, beruft sich im Allgemeinen auf drei Stichworte: Grenzen von 1937, Heimatrecht, Selbstbestimmungsrecht.

1) Die Grenzen von 1937. Dieser Begriff tauchte

zwar zunächst in den Verhandlungen der Alliierten gelegentlich auf (Moskauer Außenministerkonferenz vom Oktober 1943), aber in Potsdam im Juli 1945 wurde dann nur ein Rumpfdeutschland ohne die Ostgebiete in Besatzungszonen aufgeteilt. Die westlichen Siegermächte haben seither mehrfach erklärt, dass alle Äußerungen über den Gebietsstand von 1937 sich nur auf die Besatzungszonen bezogen hätten, aus denen die Ostgebiete ausdrücklich ausgeklammert worden seien. Allerdings haben sie auch immer wieder darauf verwiesen, dass die endgültige Regelung nur in einem Friedensvertrag erfolgen könne.

2) Das Heimatrecht. Es existiert allenfalls als individuelles Recht im Rahmen der Menschenrechte, aber nicht als klar definierter Begriff des Völkerrechts, auf den man sich berufen könnte.

3) Das Selbstbestimmungsrecht. Es begründet höchstens den Anspruch auf Autonomie-Rechte von Minderheiten, bietet aber heute keine Handhabe, Grenzänderungen gegen den Willen der polnischen Bevölkerung durchzuführen.

Niemand kann heute mehr hoffen, dass die verlorenen Gebiete je wieder deutsch sein werden. Wer anders denkt, der müsste schon davon träumen, sie mit Gewalt zurückzuerobern. Das würde heißen, wieder Millionen Menschen zu vertreiben – was nun wirklich keiner will. Man muss hoffen, dass darum nun auch die Polemik der Landsmannschaften, für die jeder ein Verräter ist, der ihre Illusionen nicht für Realitäten hält, eingestellt wird.

Man möchte sich freilich auch wünschen, dass die Polen uns in Zukunft mit ihrem Chauvinismus verschonen, der sie von »wieder gewonnenen Gebieten« reden und sogar in offiziellen Schriften immer wieder Behauptungen aufstellen lässt wie diese: »… waren die Westgebiete unter deutscher Herrschaft größtenteils von bodenständiger polnischer Bevölkerung bewohnt …« In Wahrheit stellten die Deutschen in Ostpreußen, Pommern, Ostbrandenburg und Niederschlesien 98 bis 100 Prozent der Bevölkerung; Oberschlesien war die einzige Provinz mit einer nennenswerten polnisch sprechenden Minderheit. Die Ostgrenze Ostpreußens bestand seit 700 Jahren unverändert, und Schlesiens Grenzen sind, das oberschlesische Industriegebiet ausgenommen, immer die gleichen geblieben, seit Kasimir der Große im Vertrag von Trentschin zugunsten Böhmens auf Schlesien verzichtet hatte – also von 1335 bis 1945.

Es gibt zu all diesen Fragen auf beiden Seiten viele Klischees und sehr selten kompetente Urteile; zu kompliziert und zu unbekannt ist die Geschichte des Ostens. Auch vergessen viele, dass es stets die Sieger sind, die die Geschichte schreiben. Wer spricht in Osteuropa noch von den Geheimprotokollen zu den Verträgen, die Hitler und Stalin am 23. August und 28. September 1939 untereinander schlossen? Sie waren die Grundlage für einen mit Hitler synchronisierten Aggressionskrieg der Sowjets gegen Polen, bei dem Moskau sich 50 Prozent des damaligen polnischen Staates aneignete.

Obwohl jenes Geheimabkommen den Fortbestand eines polnischen Staates nicht unbedingt ausschloss, hat Moskau nach dem Einmarsch der Sowjettruppen in Ostpolen (bei dem die Repräsentanten der führenden Schicht ebenfalls verschleppt und vernichtet wurden) Druck auf den deutschen Botschafter Graf Schulenburg ausgeübt, um die Bildung eines polnischen Rumpfstaates zu verhindern.

Seit Jahrhunderten, seit den Zaren, die alle danach trachteten, Polen als europäischen Faktor zu eliminieren, ist dies der Wunsch der Beherrscher Russlands gewesen. Schon Katharina hatte dieses Ziel vor Augen, als sie sich 1772 zur ersten und 1793 zur zweiten Teilung Polens entschloss, wobei sich Preußen an beiden Teilungen, Österreich nur an der ersten, beteiligte. Bei der dritten Teilung haben Preußen und Russland im Verein mit Österreich Polen dann gemeinsam ausgelöscht.

Auch erinnern sich nur noch wenige daran, dass die Polen zur Zeit des Münchner Abkommens den Tschechen das Gebiet von Teschen weggenommen und durch die Unterstützung des deutschen Abenteuers in der Sudetenkrise die Regierung in Berlin zu jenen Forderungen ermutigt haben, die am Ende eines langen Weges schließlich zum Zusammenbruch ihres Landes führten.

Niemand ist ohne Sünde. Aber der Versuch, gegeneinander aufzurechnen, ist nicht nur sinnlos, sondern würde auch dazu führen, dass der Fluch der bösen Tat fortzeugend Böses gebiert. Also ein neuer Anfang? Ja, denn sonst nimmt die Eskalation nie ein Ende. Also Abschied von Preußen? Nein, denn das geistige Preußen muss in dieser Zeit materieller Begierden weiterwirken – sonst wird dieser Staat, den wir Bundesrepublik nennen, keinen Bestand haben.

(DIE ZEIT vom 20. November 1970)

Der Alte Fritz
und die neuen Zeiten

Im Schloss Charlottenburg hängt ein Gemälde, das Friedrich den Großen, tot in seinem Ohrensessel sitzend, darstellt, eine Kerze neben sich, an seiner Seite ein alter Diener – sonst niemand. Man denkt, so kann es ja wohl nicht gewesen sein, da war doch sicher die Familie anwesend oder Teile des Kabinetts oder mindestens der Minister von Hertzberg. Aber nein, es war tatsächlich so.

Folgerichtig war denn auch der Wunsch des Königs, in aller Stille um Mitternacht auf der Terrasse von Sanssouci begraben zu werden – neben seinen Windhunden, den einzigen Wesen, denen er noch in Liebe zugetan war. Wenn man sich diese bis zur äußersten Konsequenz getriebene Skepsis und Askese vergegenwärtigt, dann steht die jetzt vorgesehene Bestattung in einem merkwürdigen Missverhältnis zu des Königs Vorstellungen. Aber das Gezeter über zu viel »Brimborium« erscheint dem unbefangenen Beobachter dann doch auch reichlich absurd.

Die Amerikaner holen ihre gefallenen Soldaten aus Vietnam und Irak heim; jeder Indianerstamm lebt mit seinen verstorbenen Ahnen – warum soll Friedrich der Große nicht zurückkehren in sein geliebtes Sanssouci?

Zu viel »Brimborium«? Daran ist der Zeitgeist schuld – ohne Brimborium geht's nicht: Selbst ein dubioser Sieg wird mit der größten Konfettiparade aller Zeiten gefeiert.

Wer war denn überhaupt dieser Friedrich II., den die Alliierten bei ihren *re-education*-Bemühungen samt Luther und Bismarck in eine Linie stellten mit Hitler? Dieser von Vernunft und Aufklärung bestimmte König hatte nun wirklich nichts gemein mit dem rassistisch gesinnten, in Wahnvorstellungen befangenen Hitler – von dem Ernst Niekisch einst sagte, er sei die Rache der Österreicher für Königgrätz. Das alte Preußen war geradezu die Antithese Adolf Hitlers. Unter dessen ersten zehn Kumpanen gab es keinen einzigen Preußen, aber 75 Prozent der nach dem Attentat vom 20. Juli Hingerichteten waren Preußen.

Für Friedrich war es ein weiter Weg von den fröhlichen Tagen in Rheinsberg, im Kreise vielseitig begabter, witziger Freunde, bis zu diesem einsamen, der Liebe baren Ende in Sanssouci. Damals, in Rheinsberg, lebte er in der Welt der Wissenschaft, der Künste und der Poesie und versenkte sich in den Geist der Antike und der Aufklärung. Es war die Zeit, in der der Kronprinz sich voller Abscheu gegen Machiavellis »Principe«, den realpolitischen Zyniker, wandte und in seinem »Antimachiavell« das Bild des Fürsten zeichnete, für den der Inbegriff der Pflicht die Wohlfahrt der Untertanen ist: »Der Fürst als erster Diener des Staates.«

Dieser Maxime – also der Staatsraison – ist Friedrich bis zum Ende treu geblieben; aber seine politischen Ideale hat er als König rasch aufgegeben. Im Testament von 1752 sagt er: »Ich muss zugeben, dass Machiavell recht hat.« Ohne Macht geht es eben nicht. Aber je mehr Macht er ansammelte, desto zynischer wurde er.

Im Sommer 1740 bestieg Friedrich II. den Thron, und schon im Dezember 1740 überfiel er ohne Grund und ohne Warnung Schlesien und überzog die Kaiserin Maria Theresia mit Krieg. Das Motiv: Sein armes Land bestand aus vielen unzusammenhängenden Flicken; wenn er politisch mitspielen wollte im Kreise der Großen, musste er sich die Macht, die er von Haus aus nicht besaß, zusammenrauben, gleich, mit welchen Mitteln (auch England hat sein Weltreich ja nicht geschenkt bekommen). Ausgedehnte Ländereien und Schlachtenruhm, das war es, woran das Ansehen der Monarchen damals gemessen wurde. Vertragsbrüche, Koalitionswechsel, Überfälle auf den Nachbarn, das verursachte niemandem Kopfzerbrechen.

Friedrich war mit heutigen Augen gesehen ein Intellektueller: geistreich, selbstironisch, frivol, lesewütig. Er schrieb mit großer Leichtigkeit, vierzig Bände füllen seine Schriften, allein drei Bände seine Korrespondenz mit Voltaire, dem zu jener Zeit größten Geist Europas. Als Reaktion auf den brutalen Vater hasste Friedrich alles Militärische. Die Uniform war für ihn ein »Sterbekittel«.

Von den Zeitgenossen werden sein Charme, die Liebenswürdigkeit und Anmut dieses »Lieblings der Götter« gepriesen und der junge König als »Philosoph auf dem Thron« apostrophiert. Dass er auch ehrgeizig, zäh und mutig, zuweilen leichtfertig war, wurde dabei übersehen.

In einem Brief Voltaires an seine Nichte heißt es: »Nun bin ich endlich in Potsdam. Unter dem verstorbenen König war es ein Exerzierplatz und kein Garten, mit dem Tritt des Garderegiments als einziger Musik, Revuen statt Schauspielen, Soldatenlisten als Bibliothek. Heute ist es der Palast des Augustus, der Sitz der Schöngeister, der Lust und des Ruhmes.«

Auf dem langen Weg vom aufgeklärten Moralisten zum skeptischen Zyniker ist Friedrich sich selbst entfremdet worden. Oft hat er über das »abscheuliche Handwerk« geflucht, zu dem er als König verurteilt sei. Er hasste die Machtpolitik und das Kriegführen, aber dann war es immer wieder die Ruhmsucht, die ihn verführte. Eine merkwürdige Ruhmsucht übrigens: Sie diente nicht zur Befriedigung persönlicher Lust, sondern dem Ansehen Preußens.

Als der König 1763 nach dem geglückten Friedensschluss in Hubertusburg nach Berlin zurückkam, verbat er sich alle Huldigungen – die bereitstehende Prunkkalesche bestieg er nicht, sondern fuhr auf Nebenwegen zum Schloss. Die langatmigen Gnadengebete für den König und seine Familie fand er deplaciert, darum erließ er eine Order an die Feldprediger, sie sollen sich fürderhin beschränken auf: »In Sonderheit empfehlen wir dir, lieber Gott, deinen Knecht, unseren König«.

Kaum hatte der 28-jährige den Thron bestiegen, brach bei ihm die aufgestaute Sehnsucht nach Reformen durch. Es ging Schlag auf Schlag. Am ersten Tag: Befehl an die Armee, nicht mehr mit Absicht und Übermut das Volk zu schikanieren. Am zweiten Tag ließ er wegen der zu erwartenden schlechten Ernte die staatlichen Kornkammern öffnen und das Korn zu vernünftigen Preisen an die Armen verkaufen. Am dritten Tag verbot er das »Fuchteln«, also die Stockschläge für Kadetten. Am vierten schaffte er den Gebrauch der Folter bei Kriminalfällen ab. Am fünften verbot er die »gewohnten Brutalitäten« bei der Soldatenwerbung.

Seine beiden Testamente von 1752 und 1768 sind umfangreiche Kompendien, die Aufschluss über die Lage des preußischen Staates geben und über die Bestrebungen des Königs. In beiden Fällen lautet der erste Satz: »Es ist Pflicht jedes guten Staatsbürgers, seinem Vaterland zu dienen und sich bewusst zu sein, dass er nicht für sich allein auf der Welt ist, sondern zum Wohl der Gesellschaft beizutragen hat.« Die Regierung beruht, so stellt Friedrich dort fest, auf vier Hauptpfeilern: auf der Rechtspflege, weiser Finanzwirtschaft, straffer Erhaltung der Manneszucht im Heer und auf der Kunst, die geeigneten Maßnahmen zur Wahrung der Staatsinteressen zu ergreifen.

Friedrich hat Preußen als Rechtsstaat konstituiert. Er hat einen wissenschaftlich geschulten, unabhängigen Richterstand geschaffen, dazu eine klare Gerichtsverfassung mit drei Instanzen und der modernen Prozessordnung. Mit der allerhöchsten Kabinettsorder vom 14. April 1780 schränkte der König die Gesetzgebungsgewalt, die zu den Hoheitsrechten des absoluten Herrschers gehörte, freiwillig ein. Gleichheit aller Staatsbürger vor dem Gesetz, wie er es postulierte, das war im 18. Jahrhundert keineswegs üblich. Neu war auch, dass der König sich nicht mehr als Eigentümer, sondern als Verwalter des Landesvermögens ansah. Preußen hat überdies als erstes Land Europas die Schulbildung für alle eingeführt. Schließlich war das Allgemeine Preußische Landrecht das fortschrittlichste Recht seiner Zeit.

Dieser preußische König war auch der erste, der den

Mut hatte, mit den rebellischen Vereinigten Staaten, nachdem diese ihre Unabhängigkeit von Großbritannien erklärt hatten, einen Handels- und Freundschaftsvertrag zu schließen. Darin wurden Verhaltensweisen für internationale Humanität festgelegt – übrigens auch für Kriegsgefangene, was erst hundert Jahre später zur Norm werden sollte. George Washington schrieb 1786: »Es ist der liberalste Vertrag, der je zwischen zwei Mächten geschlossen wurde.«

Mitten in der alten Welt des Absolutismus war dieser König vom Geist der Aufklärung erfüllt und setzte ihn um in praktische Politik. Rechtssicherheit, Gewissensfreiheit, Toleranz waren seine Prioritäten. Alle Verfolgten und Vertriebenen fanden im 18. Jahrhundert in Preußen Aufnahme. Toleranz gegenüber den Konfessionen und den Ausländern wurde von Friedrich dem Großen mit äußerster Konsequenz durchgesetzt. Er regierte aufgeklärt, aber absolutistisch, denn die Bevölkerung bestand zu achtzig Prozent aus Analphabeten – Reformen konnten also nur von oben oktroyiert werden. Am Ende seiner Regierungszeit war Preußen, dem im Grunde alle Voraussetzungen dafür fehlten, zur fünften Großmacht in Europa geworden.

Resümee: Es kann doch wirklich niemand im Ernst glauben, die Beisetzung dieses Mannes in Sanssouci könne zum Signal für neuen Nationalismus und Militarismus werden. Offenbar verwechseln die Agitatoren Friedrich den Großen mit Wilhelm II. Sie würden wohl auch Shakespeare mit Karl May über einen Leisten schlagen. Das alte Preußen mit den großen Einwanderungsschüben war kein Nationalstaat, sondern ein Vernunftstaat. Man könnte sehr dankbar sein, wenn ein wenig von dem Geist jener Zeit unter dem Schutt der Berliner Bauskandale wieder hervorkäme: »… sich bewusst zu sein, dass man nicht für sich allein auf der Welt ist, sondern zum Wohl der Gesellschaft beizutragen hat.«

(DIE ZEIT vom 9. August 1991)

Normen und Regeln

Unser Zeitalter ist charakterisiert durch eine gefährliche Kombination von Säkularisierung und Kapitalismus. Gefährlich warum? Weil das Zusammenwirken dieser beiden Faktoren zu einer Verstärkung der negativen Folgen eines jeden von ihnen führt. Säkularisierung bedeutet die Abwesenheit aller religiösen und im weitesten Sinne metaphysischen Werte; der Kapitalismus wiederum beruht auf dem Wettbewerb, und der Motor des Wettbewerbs ist der Egoismus, mithin ist alles Sinnen und Trachten auf wirtschaftlichen Erfolg gerichtet: Ich muss besser sein als die anderen, sonst kann ich nicht überleben. Geist, Kultur und das Humane werden dabei immer mehr an den Rand gedrängt.

Eine Gesellschaft braucht aber Normen und Spielregeln, ohne einen ethischen Minimalkonsens kann sie keinen Bestand haben. Wohin eine Gesellschaft gerät, der solche Bindungen fehlen, das erleben wir allenthalben: Brutalität und Korruption breiten sich aus, weil das Rechtsbewusstsein immer mehr schwindet. Ein Schüler ermordet seine Lehrerin, während die Klasse regungslos zuschaut; ein Fünfzehnjähriger erschießt seinen Kameraden, weil der ihn geärgert hat …

Und auch in der obersten Etage der Politiker mangelt es an Rechtsbewusstsein, wie wir während der letzten Monate immer wieder erlebt haben. Wer die Verfassung gebrochen oder das Parteiengesetz verletzt hat, sagt – zur Rede gestellt: »Ja, das mag ein Fehler gewesen sein.« Nicht nur, dass sie ihre Schuld nicht eingestehen, es scheint, dass sie ihre Vergehen auch gar nicht als solche empfinden. Dieser Zustand lässt sich nicht durch Gesetz oder staatliche Verordnung ändern, sondern allein dadurch, dass das Bewusstsein der Menschen sich ändert. Es kommt also auf den Menschen an, auf jeden Einzelnen von uns.

(Vorwort zu »Macht und Moral«, 2000)

Brief aus dem Süden

Wenn man ausgerechnet den so entscheidenden Wahlsonntag auf einer Insel in Süditalien verbringt, dann wird die gesuchte und geschätzte Abgeschiedenheit plötzlich zur Last. Es fehlt der Austausch von Argumenten.

Natürlich kennt man die konkurrierenden Meinungen: Für die Große Koalition spricht, so sagen die einen, dass Entscheidungen, die längst fällig sind, getroffen und durchgesetzt werden. Die anderen argumentieren, die Voraussetzung dafür sei der sichtbare Wechsel. Eine echte Wende, die könne nur Rot-Grün bringen. Ich denke, die haben Recht.

Warum? Wenn man einen Blinden und einen Lahmen zusammenspannt, erwächst daraus wenig Zugkraft. Wir brauchen aber einen Aufbruch. Es gibt genug ungenützte Energien unter den Bürgern. Sie warten nur darauf, dass ihnen jemand das Gefühl gibt: Jetzt geht's los, jetzt lohnt es sich.

Viele meinen, die Grünen werden unrealistische Ziele verfolgen, der SPD das Regieren schwer machen, die Entwicklung hemmen. Aber das dürfte eine übertriebene Sorge sein. Der Sachzwang ist in diesem Moment stärker als die Ideologie.

Seit Jahren haben wir darauf warten müssen, dass nach einem der seltenen großen Umbrüche jemand das Steuer in die Hand nehmen und den Weg weisen würde – nichts dergleichen geschah. Wie ein reißender Strom rast die Geschichte an uns vorüber, wir – die Regierenden und das Volk – stehen ratlos am Ufer und fragen, wo der uns wohl hinträgt?

Liebe Freunde, seid nicht kleinmütig, seid voller Hoffnung. Chancen sind immer auch mit Risiko verbunden. Wer darum auf Stillstand und Bewahren setzt, über den geht die Geschichte gnadenlos hinweg – denn die Geschichte ist ein Prozess. Das Motto »Verweile doch, du bist so schön« gilt für sie nicht.

(DIE ZEIT vom 10. November 1995)

Abenteuerlich

Zuerst dachte ich, die Meldung beruhe auf einem Irrtum, sie zeige eine Null zu viel, aber nein, es stimmt. Die Amerikaner haben beschlossen, für einen Joint-Strike-Fighter – ein »gemeinsames Angriffsflugzeug« – 200 Milliarden (200 000 000 000) Dollar auszugeben. Es soll mit Überschallgeschwindigkeit fliegen, für Radar unsichtbar sein und auf einem Flugzeugträger landen und starten können. 200 Milliarden Dollar – die Entwicklungsländer erhalten zusammen vom vereinten Westen nur etwa 60 Milliarden Dollar. Eine absurde Entscheidung! Ausgerechnet in dem Moment, in dem die meisten eingesehen haben, dass man mit militärischen Mitteln weder in Afghanistan siegen noch den Terrorismus im Westen bekämpfen kann, und man einig darüber ist, dass Solidarität, aufgebaut auf Vertrauen, Frieden und Gerechtigkeit, notwendig ist, beschließt das Pentagon, dieses neue Allzweckkampfflugzeug zu bauen.

Bundeskanzler Schröder hat vollkommen Recht, wenn er meint, die Deutschen müssten ihre Solidaritätspflicht besonders präzis einhalten, aber er hat vernünftigerweise eine Einschränkung gemacht: keine Solidarität bei abenteuerlichen Unternehmungen. Dies aber ist zweifellos das Sinnbild einer abenteuerlichen Maßnahme.

(DIE ZEIT vom 31. Oktober 2001)

*Ein Porträt
als Nachwort*

Die zwei Leben der Gräfin

Am 2. Dezember 1909 wird Marion Gräfin Dönhoff auf Schloss Friedrichstein bei Königsberg in Ostpreußen geboren. Ein Spiel aus ihren Kindertagen war: »Wie viel Händedrücke bist du entfernt von …?« Man nennt Namen irgendeines berühmten Menschen, der vor langer Zeit gelebt hat. Marion Dönhoff schlägt mit Leichtigkeit alle Mitspieler aus dem Feld, denn das Geburtsjahr ihres Großvaters ist 1797, ihres Vaters 1845. Goethe, Schadow, die Brüder Humboldt waren Zeitgenossen des Großvaters, mit denen dieser Umgang pflegte. Zwei Händedrücke nur ist sie entfernt vom Ancien Regime.

Diese Vergangenheit prägt die junge Comtesse. Sie verbringt eine unbeschwerte Jugend auf dem Land, vorwiegend auf dem Rücken der Pferde. Eins mit der Natur, aber auch eingebunden in die Strukturen einer privilegierten Gesellschaft, lernt sie, was soziale Verantwortung heißt. Sie lernt, Pflichten zu übernehmen und anzupacken, wo Not am Mann ist. Beides geht ihr in Fleisch und Blut über.

Sie wird anfangs von Hauslehrern unterrichtet und kommt nach einem schweren Autounfall – fast wäre sie dabei im Pregel ertrunken – nach Potsdam. Hier macht sie als einziges Mädchen in einer reinen Jungenklasse 1928 ihr Abitur. Wie es sich für eine höhere Tochter ziemt, besucht sie eine Haushaltsschule im schweizerischen Engadin, um Kochen zu lernen. Ihr Leben lang wird sie versuchen, die Küche zu meiden. Nach einer Tour durch die Vereinigten Staaten und Afrika, wo sie ihren ersten und einzigen Leoparden erlegt, studiert sie in Frankfurt am Main Volkswirtschaft. Die »rote Gräfin« wird sie genannt, weil sie gemeinsam mit Kommilitonen, die der kommunistischen Partei angehören, gegen die aufkommenden Nazis streitet. In der Main-Metropole erlebt sie den Tag der Machtergreifung mit den marschierenden Braunen. Er versetzt ihr einen Schock. »In diesem Augenblick stand das Kommende plötzlich deutlich vor mir: Diese Stiefel würden alles zertreten, was ich liebte und achtete«, schreibt sie.

Die 24 Jahre alte Studentin verlässt die Frankfurter Universität, weil sie nicht relegiert werden will wie ihre jüdischen und kommunistischen Jugendfreunde. In Basel nimmt der Ökonom und Sozialwissenschaftler Edgar Salin sie unter seine Fittiche und ermuntert sie, nicht über den Marxismus zu promovieren, sondern über das Zustandekommen eines ostpreußischen Großgrundbesitzes. In Friedrichstein wühlt sie sich durch das Dönhoffsche Familienarchiv; 1935 liegt das Ergebnis vor. Die Arbeit wird mit *summa cum laude* bewertet.

Auf Wunsch der Familie arbeitet sich die promovierte Volkswirtin in die Verwaltung des ausgedehnten Familienbesitzes ein und übernimmt ihn, als ihre Brüder 1939 eingezogen werden. Sie hat viele Freunde, die in den verschiedenen Gruppierungen Widerstand gegen Hitler leisten. Sie wird ins Vertrauen gezogen. Detaillierte Aktionspläne bleiben ihr zwar verschlossen, aber sie weiß, dass ihre Freunde die Beseitigung Hitlers planen. Sie übernimmt auf deren Bitten diverse Aufgaben. Den 20. Juli, den Tag des Attentats auf Hitler, übersteht sie mit Glück und Geschick. Ein Verhör durch die Gestapo verläuft glimpflich. Auf die Frage nach ihren »Helden der Gegenwart« antwortet sie später: »Die vom 20. Juli 1944«. Und sie schreibt: »Nichts konnte schlimmer sein, als alle Freunde zu verlieren und allein übrig zu bleiben.«

In den eisigen Januartagen des Jahres 1945, als die Russen in Ostpreußen eindringen, bricht Marion Dönhoff zu ihrem Ritt gen Westen auf. Frühling ist es, als sie auf ihrem Fuchs Alarich in Westfalen ankommt. Für sie ist dieser Monat symbolisch. Sie kommt an den Ort, von dem 700 Jahre zuvor ihre Vorfahren ausgezogen waren, um sich im Osten anzusiedeln: »Sieben Jahrhunderte ausgelöscht.«

Was war, ist gewesen. Die 35 Jahre alte Marion Dönhoff beginnt ein neues, das zweite Leben. Aus der letzten Herrin in Friedrichstein wird die erste Herrin der ZEIT. Ein Memorandum, das sie für einen Offizier der englischen Besatzungsmacht verfasst hat und in dem sie erklärt, was politisch zu tun sei, gerät auf unerklärliche Weise in die Hände der sich im Hamburger Pressehaus formierenden ZEIT-Mannschaft. Sie wird eingeladen, bei dem Zeitungsvorhaben mitzumachen. In Nummer 5 des neuen Wochenblattes am 21. März 1946 erschienen ihre ersten beiden Beiträge: »Totengedenken« und »Ritt gen Westen«, worin sie ihre Flucht schildert. Diese Reportage wird der Grundstock zu dem späteren Bestseller »Namen, die keiner mehr nennt«, der bis heute immer wieder aufgelegt wird. DIE ZEIT wird von nun an ihre Heimat – bis in die letzte Stunde.

Ihr »zweites Leben« begreift Marion Dönhoff als Chance, eine neue, wesentliche Welt aufzubauen. »Alles Denken«, so schreibt sie später, »kreiste um die geistige und politische Erneuerung. Wie sollte das neue Deutschland aussehen? Was müssen wir tun? Welche Ziele anvisieren? Was für eine Verfassung? Welche Prioritäten beim Wiederaufbau? Unzählbar waren die Fragen, unbegrenzt das Interesse an allem, was Orientierung bot und Standorte präzisierte. Alle Konzentration galt den geistigen, moralischen und politischen Notwendigkeiten.«

Vier Jahre nach ihrem Eintritt in die Redaktion der Zeitung übernimmt sie die Verantwortung für das Politische Ressort. 1968 beruft der Verleger Gerd Bucerius sie zur Chefredakteurin, 1973 wird sie Herausgeberin der ZEIT. Das weite Feld, das sie in der Zeitung unermüdlich beackert, ist die Außenpolitik. Viele Reisen führen sie in alle Welt. Zu ihrem wichtigsten Anliegen gehört die Aussöhnung mit dem Osten. Sie befürwortet eine aktive Ostpolitik. »Reden und rüsten« ist ihre Devise. Sie wird selber aktiv und lädt Journalisten, Wissenschaftler aus Tiflis und Tomsk, aus Budapest und Belgrad, aus Warschau, Prag und Kaliningrad zu Aufenthalten nach Deutschland ein. Eine Stiftung, die Marion Gräfin Dönhoff Stiftung, in die ihre sämtlichen Honorare aus Büchern, Vorträgen und Preisen fließen, finanziert diese Besuche. Über hundert Personen hat die Stiftung bisher auf diese Weise ganz unbürokratisch geholfen.

Im Jahre 1970 lädt Bundeskanzler Willy Brandt Gräfin Dönhoff ein, ihn nach Warschau zu begleiten, wo der deutsch-polnische Vertrag unterzeichnet werden soll. Zwei Tage vor der Reise sagt sie ab: »Zwar hatte ich mich damit abgefunden, dass meine Heimat Ostpreußen endgültig verloren gegangen ist, aber selber zu assistieren, während Brief und Siegel darüber gesetzt werden und dann ein Glas auf den Abschluss des Vertrags zu trinken, das erschien mir plötzlich mehr, als man ertragen kann.«

Der nimmermüde und hartnäckige Einsatz von Marion Dönhoff für die Verständigung mit dem Osten wird mit vielen Preisen und Ehrungen belohnt. Ihr zu Ehren und als Zeichen der Versöhnung zwischen Polen und Deutschland trägt im ehemaligen Nikolaiken, dem polnischen Mikolajki, eine Schule ihren Namen. Zu den Preisen gehören unter vielen anderen der Friedenspreis des Deutschen Buchhandels, der Erasmuspreis, der Roosevelt-Freiheitspreis, die Ehrenbürgerschaft von Hamburg, das Ehrendoktorat der Universität Thorn, der Universität von Kaliningrad, der Columbia University und der University of Birmingham. Marion Dönhoff selbst stellt eine andere Tat in den Vordergrund: »Das einzige, was ich in meinem Leben als eine wesentliche Tat ansehe, ist die Wiederbeschaffung des Kant-Denkmals für Königsberg.«

In den letzten Jahren ihres Lebens treibt sie die Sorge um, dass der Verfall vieler Werte unsere Gesellschaft gefährdet. »Zivilisiert den Kapitalismus!« lautet ihr Schlachtruf. In Aufsätzen, Vorträgen und in Gesprächsrunden, besonders mit jungen Menschen, variiert sie die Frage: Wie kommt es, dass heute alles Interesse aufs Wirtschaftliche fixiert ist und das Geistige, Humane an den Rand gedrängt wird? Sie initiiert 1992 mit sieben anderen Persönlichkeiten ein Manifest: »Weil das Land sich ändern muss«.

Was immer Marion Dönhoff tat, ihre Rolle erschöpfte sich nie darin, nur Journalistin zu sein. Bis zu ihrem letzten Atemzug fühlte sie sich verantwortlich für die *res publica*, die öffentlichen Angelegenheiten. Sie starb am 11. März 2002 auf Schloss Crottorf, 92 Jahre alt. Ihr langer Ritt nach Westen vollendete sich im nahen Friesenhagen. Dort liegt sie neben ihrer Schwester und einem ihrer Brüder unter alten Buchen begraben.

Haug von Kuenheim

Marion Gräfin Dönhoff

Kindheit in Ostpreußen

230 Seiten, 41 Abbildungen, Leinen

Ein Vierteljahrhundert nach ihrem legendären
Fluchtbericht »Namen, die keiner mehr nennt« läßt
Marion Gräfin Dönhoff die Welt aus dem Gedächtnis
aufsteigen, aus der sie damals, im Frühjahr 1945,
vor den russischen Panzern in den Westen ritt.
Marion Dönhoff erzählt in »Kindheit in Ostpreußen«
von Schloß Friedrichstein, dem grandiosen Sitz des
Geschlechts, den Jan de Both, der Baumeister des
Berliner Zeughauses, für ihre Familie errichtete und in
dem die Dönhoffs seit Jahrhunderten zu Hause waren.
Schemenhaft steigt das Bild des früh verstorbenen
Vaters auf, dem man, seiner schlechten Augen wegen,
immer die Zeitung vorlesen mußte; deutlicher werden
die Geschwister und die Verwandten,
aber auch die alten Diener, die Erzieherinnen, die
Köchinnen und Kutscher.
So steigt nicht nur das Leben der »Herrschaft«
aus dem Dunkel auf, sondern auch der Kosmos
eines großen Adelssitzes inmitten der ostpreußischen
Landschaft, der unendlichen Wälder und unzähligen
Seen, die Marion Dönhoff mit der Sehnsucht der
sich Erinnernden beschwört.

Siedler Verlag

Marion Gräfin Dönhoff

Der Effendi wünscht zu beten

Reisen in die vergangene Fremde

256 Seiten, Abbildungen, Leinen

Bei Scheichs in der Wüste, mit Maharadschas in
indischen Palästen, bei schwarzen Stammesführern
im südlichen Afrika – die junge Marion Gräfin
Dönhoff war nach dem Kriege eine der ersten, die
die Welt bereiste, die man später die »Dritte Welt«
nennen sollte.
Die Lebendigkeit ihrer Schilderungen, die Wachheit
ihrer Analysen und die Klarsicht ihrer Schluß-
folgerungen – das alles macht diese brillanten
Reportagen zu einem klassischen Text.

»Es gab Zeiten, da bezogen die Journalisten ihre
Informationen noch nicht aus dem Internet, sondern
machten sich selbst auf den Weg: Quer durch Afrika
oder Asien oder Arabien, wie Marion Gräfin Dönhoff
in den 50er Jahren. Jetzt erschien eine Sammlung ihrer
oft abenteuerlichen Reiseberichte, die, versteht sich,
immer auch eine Note zur politischen Lage sind ...«
EMMA (1998)

Siedler Verlag

Marion Gräfin Dönhoff

›Um der Ehre willen‹

Erinnerungen an die Freunde vom 20. Juli

192 Seiten, Abbildungen, Leinen

Dies ist ein einzigartiges Buch. Dutzende von Bänden
haben den deutschen Widerstand und den zum
Staatsstreich entschlossenen »Aufstand des Gewissens«
zu beschreiben gesucht. In der Tat hat es das ja in der
neueren Geschichte noch nicht gegeben: daß höchste
Diplomaten, führende Militärs, Geistliche beider
Konfessionen und Arbeiterführer sich zusammen-
finden, um mitten im Krieg die eigene Staatsführung
durch ein Attentat zu beseitigen. Mit Sicherheit wird
das tragische Dilemma, in dem sich die deutsche
Opposition befand, noch weitere Generationen von
Historikern beschäftigen.
Marion Gräfin Dönhoffs Buch über die Freunde vom
20. Juli wird dennoch ein unvergleichliches Dokument
bleiben. Die junge Marion Dönhoff, die schon in den
dreißiger Jahren in der Schweiz bei Edgar Salin
studiert hatte, um dem Klima des Dritten Reiches zu
entgehen, war einbezogen in die Entwicklung, die zum
20. Juli führte. Sie zeichnet hier Bilder der Freunde,
die ihr besonders nahe standen und mit denen sie
über viele Jahre verbunden gewesen ist.
So sind diese Erinnerungen Marion Dönhoffs
Geschichtsschreibung und persönliches Zeugnis
zugleich.

Siedler Verlag

129 ?